好玩又好用的创意班会

小/学/卷

张玉石 —————— 主编

中国人民大学出版社

·北京·

本书编委会

主　编　张玉石

副主编　王　姣　　李纯燕

编　委　曹蕾桢　　陈宝瑜　　陈剑雯　　陈燕红　　郭古月

　　　　　何　惠　　黄巧云　　贾　爽　　刘煜菁　　潘采君

　　　　　荣　翔　　王　婕　　王雪梅　　王玉新　　翁梦园

　　　　　张碧云　　赵苑珍　　朱晓君

　　　　　（排名不分先后）

目 录
contents

中年级（三、四年级）

高年级（五、六年级）

前言

刚做班主任时，最让人头疼的就是上班会课：既不知道该确定什么主题，也找不到合适的素材。

多年过去，经过不断总结成功经验和失败教训，我认识到，要上好班会课，是一个系统工程：必须根据学情和班情确定合适的主题，必须找到贴近学生心理特征的素材，必须设计合理的环节和流程步骤，必须力避说教并致力于潜移默化，等等。

参加广东省中小学班主任专业能力大赛，让我见识了很多精彩的班会课，同时也让我对目前班会课的不足感同身受。这些不足是系统性的，主要表现为：课程计划随意，课程目标模糊，课程设计固化，课程内容堆砌，课程评价缺乏。

主持广东省名班主任工作室后，针对当前班会课的困境，我和团队联合攻关，历经数年，经过反复讨论、打磨，我们对小学和初中阶段的班会课进行了系统设计，将班会主题系列化，构建了较完善的课程体系。

丛书《好玩又好用的创意班会（小学卷）》和《好玩又好用的创意班会（初中卷）》就是这一努力的阶段性成果。

这套丛书具有以下特点。

一是实效第一。首先，同一节班会课至少由三位老师在不同层次的班级实践过。他们有的是省级名班主任，有的是资深班主任和心理学专业教师，有的是新班主任。然后，他们互评，一起反思、完善，形成文稿。其次，这些班会课的主题，是面向全国班主任进行问卷调查后确定的，集中于几大主题，比如，"交往""习惯""学习""自我"和"成长"等。因此，这些班会课适用于全国绝大多数班级。最后，这些班会课的设计充满趣味性，从班会的标题，到班会的内容，我们都是站在学生视角，以学生喜闻乐见的形式吸引学生全身心投入，摒弃了生硬的说教，力求更好的效果。

二是以成长为导向。过去很多班会课"以问题为导向"，是发现问题、解决问题的"亡羊补牢型"班会课，但本书收入的班会课都是指向成长的，宗旨是防患于未然。根据学生身心发展规律，提前预设，从聚焦问题转为聚焦成长。例如，《前进吧，小火车！》是适应新学校主题班会，《"淡淡定"vs"慌慌张"》则是调节考试心理主题班会。同一主题，不同学段的班会则是逻辑递进、品德发展目标螺旋式上升的。以"交往"主题为例，初一时重点指导学生学会与新同学融洽相处，学会融入宿舍集体生活；初二时，学生性心理等发展迅速，同伴压力增大，亲子矛盾凸显，所以重点确定为指导异性交往、传授亲子沟通技巧、学会倾听他人等。

三是德育与心育相融合。我们把德育与心育结合起来，利用心理学的原理和技术，有预见性地开展班会课，让学生经历心路历程，让每节班会课都能走进学生心灵。例如，上面提到的《"淡淡定"vs"慌慌张"》，就是针对考前焦虑专门设计的。班会课开始，先排演心理情景剧《大卫的抉择》。学生在扮演角色时，不知不觉中运用叙事疗法的问题外化技术，将人与问题区分开来。另外，设计体验活动"量尺评估，聚焦认知"。借助焦点解决量尺问句技术，帮助学生将自己的情绪目标定位在 1—10 分，识别学生对情绪紧张和学习效率的认知现状。然后，引导学生用箱式呼吸法和心理着陆技术缓解考试紧张情绪，有效解决考前焦虑问题。这样的班会课没有空洞的说教和低效的抚慰，而是运用心理学的技术解决德育难题，重在实效。

四是每节班会课都精心制作了配套课件。这些配套课件，老师们拿来就能用，可以帮助班主任省时省力，轻松、高效地带班。大家可以去我的公众号"张玉石名班主任工作室"下载配套的课件。

相信这套丛书一定能给大家带来不一样的收获，也希望大家提出宝贵建议，为班会课的建设一起努力。

张玉石

低年级

（一、二年级）

适应篇

1. 前进吧，小火车！
——适应新学校主题班会

[班会背景]

每年新生入学，在校门口，总有不少可爱的小人儿紧紧地拉着爸爸妈妈的手，红着眼圈，挂着泪珠，胆怯又茫然地看看四周，小脚不敢往前迈。有的家长狠下心，把孩子交给老师后，头也不回地走了，孩子哭闹不止；也有的家长和孩子难舍难分，所有担忧都涌上心头。这样的场景在开学的第一周常常上演。

有的孩子离开熟悉的幼儿园，来到陌生的学校，面对环境的陡然变化，产生强烈的分离性焦虑，引发了家长的重重忧虑。刚入学的那几天，新生往往情绪低落，精神不佳，在课堂上不知所措，更严重的可能在开学的头一个月都呈现这种状态。

意大利著名教育家玛利亚·蒙台梭利通过观察儿童，发现了秩序感对儿童的重要性。良好的秩序感能够给儿童带来内心稳定和安全的感觉，它能使人集中注意力，提高学习、做事的效率。秩序感还与安全感相辅相成。孩子一旦发现自己所处的环境变得陌生，就可能会缺乏安全感，内心会感到焦虑。

因此，作为新生班主任，我们应帮助孩子们尽快适应新学校，重建秩序感，重获安全感，跟分离性焦虑说再见。

[班会目标]

1. 知识与认知目标：通过做游戏，师生彼此认识，互相熟悉；通过听绘本故事，引导学生了解自己的焦虑情绪，并明白如何排解不良情绪。

2. 方法与能力目标：引导学生通过对话、倾诉的方式来排解焦虑；通过开展校园探秘活动，先让学生初步熟悉校园环境，再将校园探秘以任务的形式分派给四人小组，进一步锻炼学生的表达与合作能力，提升其应变与适应能力。

3. 情感与态度目标：通过做游戏，师生建立信任感。教师制作班级照片墙，用亲切的语言给学生积极的心理暗示，使学生建立起对新学校、新集体的归属感与安全感。

[课前准备]

1. 在新生家长会上，告知家长为孩子准备好一张个人彩照和一本孩子喜欢看的书，在开学当天由孩子自己带到学校。

2. 班主任为每个孩子准备一份入学小礼物——一支铅笔和一个本子。在每个本子的封面上写好孩子的名字，在扉页上写好入学欢迎词。一定要亲笔书写。

3. 将教室的一面空白墙设计成班级照片墙。墙贴图案是一棵蓬勃生长的绿树，树枝上抽出许多又绿又嫩的新芽。一个新芽上挂一个照片框，注意要给班主任预留一个照片框。

4. 收集《小阿力的大学校》绘本故事的图片与音频。

5. 制作校园探秘卡，一面是表格，用于探秘打卡盖章；另一面是校园地图，帮助小朋友回忆路线，找到目的地。

6. 下载歌曲《加油鸭》《一年级》。

7. 打扫教室，摆好桌椅，画好主题板报。

［班会过程］

一、热身活动：以爱护送，以爱相迎

1. 亲子列队

开学第一天，教室外的过道里，孩子手拿一本书，与家长分两列站立，中间留出通道，象征成长之路。教室里循环播放歌曲《加油鸭》，音量适中。

2. 护送进班

班主任根据花名册念出孩子的名字，被念到名字的孩子由家长牵起手，在大家的掌声中，走过成长通道。

3. 爱的拥抱

在教室门口，家长蹲下身来，为孩子送上爱的拥抱和入学祝福。然后，家长将孩子的小手交到班主任手上。班主任蹲下身来拥抱孩子，真诚地欢迎孩子。

4. 护送入座

班主任牵着孩子的小手走进教室，把图书摆放到教室的图书角后，再护送孩子入座。这一环节可由正副班主任协同完成。等所有孩子都入座，家长告别离开后，再开始上新生开学第一课。

【设计意图】入学后父母与孩子的第一次道别从校门口移到教室门口，师生第一次见面从教室里移到教室外，通过这样的方式消除孩子的陌生感，为开学第一课做好铺垫，也拉近了师生间的心理距离，让孩子带着愉悦的心情和勇气面对新学校，开启新旅程。

二、游戏互动，师生关系破冰

1. 师生互相打招呼

师：小朋友们，从今天开始，你们有了一个光荣的称号——小学生。那你们知道我是谁吗？我是你们的"班妈妈"——黄老师！我们互相来打个招呼吧！我说："你好呀，小学生！"你们说——

生：你好呀，黄老师！

师：你们的声音真甜！黄老师还想再听一次。这回，我们来做个变声小游戏。我大声，你们也大声；我小声，你们也小声。看谁反应快。（师生打招呼可重复三次左右）

2. 同伴彼此认名字

师：大家都是聪明的小朋友！你们还想玩游戏吗？（小朋友说"想"）现在，黄老师带大家玩一个"名字小火车"的游戏，好吗？

游戏规则：第一排的第一位小朋友对后面的小朋友说："你好呀，小学生！我是×××。"第二位小朋友接着对后面的小朋友说："你好呀，我是×××。"一个接一个传递名字，直到最后一个小朋友。

师：听明白了吗？现在，我们看看哪列"名字小火车"开得又快又稳。（教师现场带领学生玩一轮游戏，等所有小朋友都明白游戏规则后，再正式开始玩游戏，可以横排玩一轮，再竖排玩一轮）

【设计意图】教师在介绍自己时，以"班妈妈"自称，可以让学生找到心理依赖对象。然后，以游戏的方式让师生互相认识，这样既使学生集中注意力，缓解焦虑，又让学生在短时间内与周围的人建立初步的情感连接，还可以打造班级能量场，让新生逐渐放下心理防备。

三、齐吐"担心葡萄籽"

1. 初听故事，吐吐"担心葡萄籽"

师：短短几分钟的时间里，你们就记住了这么多同学的名字，真了不起！你们知道吗？有一个小朋友叫小阿力，他和你们一样大，也要上学了。可在上学前，他十分不安。让我们一起来听听他的故事吧！（播放《小阿力的大学校》绘本故事音频，在"小麻雀仰头看着小阿力……乘着风飞上了天"这里暂停）

师：你们在上学以前，是不是和小阿力一样，心里面也有这些"担心葡萄籽"呢？小阿力担心自己会在学校里迷路，你担心过什么呢？

生1：我担心妈妈不来接我。

生2：我担心上学迟到。

生3：这里没有我的好朋友，我有点儿害怕。

生4：我担心作业写不完。

…………

2. 继续听故事，清理"担心葡萄籽"

师：你们来到新学校，担心的事情还真不少。现在，让我们继续听小阿力的故事，或许他的经历能帮助你们清理"担心葡萄籽"。（继续播放《小阿力的大学校》绘本故事音频，播完为止）

师：小朋友们，听完了小阿力的故事，你的哪些"担心葡萄籽"不见了？

生1：我以为自己交不到新朋友，现在这个担心不见了！

生2：新学校里也有图书角和好看的绘本，我的"担心葡萄籽"变成了"开心大泡泡"！

师：是呀，吐一吐你们的"担心葡萄籽"，心里就会无负担，很轻松！还有，你们担心的事情，"班妈妈"黄老师会帮大家解决的。

【设计意图】通过听绘本故事，让学生从小阿力的身上看见自己的影子，引发情感共鸣。无趣的说教不如有趣的故事。借用有趣的故事，让学生一吐为快，排解担心的情绪。

四、开动"小火车"，校园大探秘

师：比如，担心在学校里迷路，我们现在就来解决这个问题吧！请小朋友们两两牵手，跟着黄老师走出教室，一起进行校园探秘。（组织学生排好队）嘟嘟嘟——"斑马"号小火车出发啦！

正班主任与副班主任分别站在学生队伍的一头一尾，以本班教室为起点，按照计划的路线行走，带小朋友们依次认识一年级教师办公室、男生和女生厕所、饮水处、医务室、操场、阅览室、食堂等地点。

根据孩子们的状态，适时进行相应的文明礼仪、行为习惯或校园安全教育。比如，在教师办公室门口，班主任可以带领学生诵读《办公室礼仪歌》：

无事不来办公室，有事进门喊"报告"。

我有问题用"请问"，老师答后道声谢。

办公场所不喧哗，桌上物品不乱翻。

轻声慢步不逗留，随手关门有礼貌。

经过食堂，可以提醒学生要文明用餐，爱惜粮食。来到操场，叮嘱学生上体育课时，听从体育教师的指令，不追逐打闹、横冲直撞，也不伸手乱摘校园里的花花草草，共同爱护美丽的校园。

师："斑马"号小火车到站啦！小主人们，欢迎你们回教室！（教师面带微笑，伸手做"请进"手势）

【设计意图】低年级学生以直观形象思维为主，身临其境能够让他们留下深刻的印象。因此，开展校园探秘活动，让学生在安全的前提下，由教师带领，有组织、有计划地参观、游览新环境，能帮助学生更快地适应新学校。

五、迎接小主人，再次回教室

1. 体验归属感，共种班级树

师：逛了一圈校园后，回到我们自己的教室，现在你有什么感觉呢？这是哪个班的教室呀？这又是哪个小学生的教室呢？

生1：感觉这里好亲切、好熟悉、好舒服……

生2：这是××班的教室，是我×××的教室！

师：是呀，这间教室以后就是你们在学校里的家。坐在这里的你们，就是一起学习、一起成长的好伙伴！（指向照片墙）瞧，黄老师在我们教室里种了一棵班级树，想要这棵树长得很高很大，需要你们给它施肥、浇水。现在，拿出你们准备好的个人彩照，和黄老师一起，把我们的彩照贴在树上的照片框里，让我们的班级树长得更茂盛吧！（播放歌曲《一年级》，音量适中）

2. 组队探秘，正向强化

师：刚才黄老师带你们去的几个重要地方，你们都记住了吗？好，下课以后，四个小朋友为一组，到黄老师这儿领取一张校园探秘卡（如图1、图2所示）。你们小组四人每到一个校园宝地，就有二年级的哥哥、姐姐等在那儿，给你们盖"小勇士"奖章。集齐五个"小勇士"奖章，黄老师就奖励你们一份入学小礼物！校园探秘活动时间是明天早上七点四十至八点半，听清楚了吗？

操场盖章	食堂盖章	教师办公室盖章	阅览室盖章	本班教室盖章

1. 根据背面的地图找到操场、食堂、教师办公室、阅览室、本班教室。

2. 找到之后请在地图上标出来，再请负责各个场所的哥哥、姐姐给你盖章。

3. 完成所有探秘任务后回到本班教室，你的老师在那里等你。

图 1　校园探秘卡正面

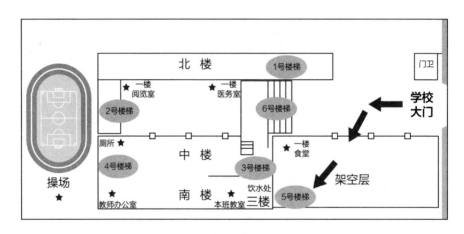

图 2　校园探秘卡反面

师：你们开学第一天的表现真棒！来，给自己点个赞！再次欢迎大家来到××学校。××班的小朋友，让我们一起大声说："一年级，加油呀！"

【设计意图】教师用语言给学生积极的心理暗示，让学生更加熟悉、喜欢班级教室，这有利于学生适应新学校。在班级树上张贴自己的照片，象征着学生在班级中找到了自己的位置，从而获得归属感与安全感。课后的组队探秘活动，能进一步提升学生对新环境的适应能力。

[课后延伸]

对课后的组队探秘活动，教师要做好追踪，及时了解哪些学生完成了任务，哪些学生没有完成任务，是什么原因导致没有完成任务。对未完成任务的学生，教师要多鼓励、帮助他们，不要强求他们完成任务。

在入学的第五天，教师利用课堂时间对学生适应校园情况进行总结和反馈，面向所有学生，郑重地发放入学小礼物，给予表扬与肯定。

[反思与总结]

1. 热身活动是在教室外的过道里开展的，如果多个班级同一时间开展的话，则会出现场地不够用的问题。因此，可根据本校实际情况进行调整或简化。比如，学校安排几个卡通人偶引导员，孩子在校门口与家长拥抱道别后，由引导员与二、三年级的哥哥、姐姐带到本班教室门口，班主任再拥抱迎接。

2. 本次班会课是新生入学的第一课。为了缓解一年级新生的分离性焦虑，需要正班主任与副班主任有较强的亲和力。两位教师要面带笑容，可略施淡妆，着装俏皮可爱些，以充分发挥人际交往中的首因效应，给孩子们留下良好的第一印象，以便他们尽快建立起对教师的信任感。

3. 在游戏互动环节，教师要尽可能营造轻松、愉悦的氛围，鼓励孩子们多表达，耐心倾听并包容他们。孩子说不到点上也不要紧，重要的是引导他们将紧张、不安的情绪释放出来。

4. 在校园探秘过程中，两位教师要密切配合，全程关注每一个孩子，保证他们不掉队、很安全。文明礼仪、行为习惯或校园安全教育可根据现场情况适当渗透，应以浅显易懂、朗朗上口的儿歌、童谣等形式呈现，不可过多，关键是让孩子们在活动中熟悉学校里的这几个重要地方与路线。

》江西省南昌师范附属实验小学红谷滩分校　黄巧云

2. 交友奇遇记
——结识新朋友主题班会

[班会背景]

　　一年级学生初入校园，往往会出现较难适应的问题。这个问题主要表现在学习适应困难和社会适应困难两个方面。在一年级入学阶段培养学生的交际能力，不仅能帮助他们更好地适应小学的学习和生活，而且对其今后的身心发展有着重要影响。

　　根据皮亚杰的认知发展理论，儿童在前运算阶段（2—7岁）只会从自己的立场与观点去认识事物，而不能从客观的、他人的立场和观点去认识并判断事物。这就导致一年级学生在人际交往中存在诸多问题，比如，人际交往两极分化、人际交往技巧不成熟等。皮亚杰认为，游戏可以促进学生的认知发展，提高学生的认知能力。所以，在入学阶段，可以通过游戏的方式让孩子融入集体，帮助孩子学会与人交往，顺利地适应小学生活，塑造健全的人格。

[班会目标]

　　1. 知识与认知目标：了解朋友在校园生活中的重要作用。

　　2. 方法与能力目标：通过游戏、情景剧表演学习人际交往的技巧。

　　3. 情感与态度目标：感受结识新朋友的快乐，喜欢与人交往。

[课前准备]

　　1. 准备绘本故事《你是我的好朋友》视频。

　　2. 学生每人准备一件带扣子的外套。

3. 准备计时器若干。

[班会过程]

一、"小青蛙，找朋友"

游戏规则：全班同学手牵手围成两个圈。学生说"小青蛙"，教师说"找朋友"；学生说"找几人"，教师回答。学生根据教师的指令抱在一起。抱在一起的学生互相做自我介绍，可以介绍自己的名字、爱好等。

三轮游戏过后，师生共同总结：认识新朋友时要有礼貌，面带微笑，还要告诉对方自己的名字、爱好等信息，做到落落大方。

【设计意图】这个游戏让学生通过抱在一起的肢体接触体验同伴间的亲密感，拉近学生之间的距离，再通过自我介绍增进对彼此的了解，让学生勇于表达自己对朋友的好感。

二、你是我的好朋友

（学生先观看绘本故事《你是我的好朋友》视频，然后教师随机采访）

师：鼹鼠小莫是怎么和沃夫小狼成为好朋友的？

生1：沃夫小狼怕黑，鼹鼠小莫就陪着它；鼹鼠小莫怕亮，找不到回家的路，沃夫小狼就帮它找到了家，后来它们就成了好朋友。

师：鼹鼠小莫陪着沃夫小狼的时候，它们在干什么？沃夫小狼的心情怎么样？

生2：它们在黑夜里玩各种游戏，非常开心。

师：沃夫小狼是怎么带着鼹鼠小莫回家的？鼹鼠小莫的心情怎么样？

生3：沃夫小狼用尾巴帮鼹鼠小莫挡住光线，这样小莫就不害怕光了，它坐在小狼的背上很开心地找到了家。

师：朋友给它们带来了什么？

生：快乐。

师生小结：它们互相帮助，给对方带来了快乐，最后成了好朋友。看来朋友在我们的生活中是很重要的。

【设计意图】低年级学生的感知活动具有明显的随意性和情绪性，较多受兴趣控制。这里通过播放视频的方式吸引学生的注意力，让学生从有趣的故事中明白朋友可以给我们带来快乐，帮助我们渡过难关，以此促进学生主动交友。

三、助人小分队

1. 游戏：反穿衣服

游戏规则：第一轮，三人一组，一位学生把自己的外套反着穿，另外两位学生负责计时。第二轮，请小伙伴帮一位同学把衣服反着穿，另一位同学负责计时。比较两次用时，结果发现，有人帮忙事情可以做得更快。

2. 情景剧表演

师：我们生活在一个班集体中，每个人都有需要帮助的时候，当好朋友遇到困难时，我们该怎么办呢？一起来演一演吧。（四人一组表演）

✿ 情景

小明心爱的尺子不见了，那是他的好朋友送的，他都快急哭了。

（生1扮演小明，生2扮演小华。生1趴在桌子上。）

生2：小明，你是不是不舒服呀？下课了怎么不出去玩？

生1：我的尺子弄丢了，我找不到，你能帮帮我吗？

生2：可以啊。我叫小红、小丽一起来帮你找。

（大家最后在小明的数学书里找到了他的尺子）

生1：谢谢你们的帮助。

大家：不客气，我们是好朋友。

（表演结束后教师采访学生）

师：（面向生1）经过这次事情后，你觉得小华是个怎么样的同学？

生1：我觉得他很爱帮助人。

师：以后他遇到困难时你会主动去帮助他吗？

生1：当然会，因为我们是好朋友。

师：（面向生2）你帮助了小明，心情怎么样？

生2：我很高兴，因为我做了一件好事，小明还成了我的好朋友。

师：以后你也会这样帮助别人吗？

生2：我会的，帮助别人是一件快乐的事，还能交到好朋友。

师：有句话说，赠人玫瑰，手有余香。我们帮助别人，不仅替别人解决了问题，自己还会收获友谊。希望大家在班级里能够团结友爱，互帮互助。

【设计意图】美国著名心理学家马斯洛提出了需要层次理论，即人的需要由低到高可以划分为五个层次：生理需要、安全需要、爱和归属的需要、尊重的需要和自我实现的需要。对小学低年级学生而言，人际交往是一种迫切需要。创造一个友爱的环境，让学生在班级活动中与同学交往，在互帮互助中感受到爱和归属的需要，能助力学生更好地适应新学校的生活。

四、"偷心神探"

 情景

小明和小红在画画，突然吵起来了。原来小红在小明最得意的蓝天上画了一个小黑点。小明很生气就和小红吵起来了，于是小红不跟小明玩了，小明很难过。

师：同学们，如果我们和好朋友闹矛盾了，该怎么办呢？谁来帮小明用心听听小红在心里说了什么？

生1：我听到小红说她只是想在蓝天上画一只小燕子。

生2：我听到小红说她是不小心画错了，不是故意要毁了这幅画的。

师：现在老师把你们用心听到的话告诉小明了。谁来演一演，小明听到这些话后会怎么做呢？

生3：小红，这是我最得意的天空，你干吗要画一个小黑点呀？

生4：小明，我觉得蓝天是小鸟的家，有小鸟在，蓝天才会更美呀！

生3：那我们一起来画更多的小鸟，让蓝天更美吧！

师：同学们，请你们来说说，认真倾听有什么好处呢？

生5：认真倾听可以交到朋友，避免随便吵架。

师：同学们，倾听是与人交往的一项重要的能力。倾听代表着尊重、理解。希望大家在今后的学习生活中不仅会用耳朵倾听，还会用心倾听。

【设计意图】儿童在人际交往中常常与伙伴产生矛盾，不会去理解别人，造成人际关系紧张。这个环节通过情景剧表演的方式，让学生学会从他人的角度去看问题，尝试理解他人，从而解开误会，体会到倾听在人际交往中的重要性，并学习倾听这项交往能力，帮助学生与同学友好相处。

五、"友园"大丰收

师：通过这节课的学习，相信你们一定有许多收获，谁来和大家分享一下？

生1：我今天交到了两个新朋友，我很开心。

生2：我发现我的同桌和我一样喜欢踢足球，以后我们就可以一起踢足球了。

生3：我学到了只有大胆地介绍自己，才能找到好朋友。

生4：多帮助别人，就会交到好朋友。

生5：交朋友的时候要有礼貌，不然就没人喜欢你。

生6：要学会倾听，不要和朋友吵架。

生7：要用心交朋友，有误会就要及时说清楚，不要闹矛盾。

师：是啊！朋友给我们带来了快乐、温暖，是我们生活中很重要的角色。我们要自信、大胆，学会理解他人，帮助他人，这样才能交到很多好朋友。希望大家把今天学到的知识运用到你的生活中去，多与人交往，找到你的好朋友，感受友谊带来的快乐。

【设计意图】先让学生分享本节课的收获，然后及时总结，让学生真正明白交友的意义，掌握交友技巧，在实际生活中学会交友，乐于交友。

[课后延伸]

请你制作一件手工礼物，送给你的好朋友。

[反思与总结]

1.本堂课以游戏为载体，利用孩子爱玩的心理，让学生深刻地感悟到朋友的重要性，并在游戏中学会一定的交往技巧，帮助学生学会交朋友，顺利地适应小学生活。

2.在"小青蛙，找朋友"这个游戏环节，学生互相不熟悉，部分学生羞涩、腼腆，教师在游戏中要充当引导者的角色，适当地进行调节。游戏尽量多玩几轮，以拉近学生之间的距离。

3.本堂课主要是帮助学生学会交友，在授课过程中要注意多增加学生之间的接触，可以多进行小组讨论、小组合作，以加强生生之间的联系，而不是以讲道理、表达观点为主。

4.后期要随访学生的人际交往情况，不能上完一堂课就不管了，要根据学生的表现及时做出调整，让学生真正学会交友。

》广东省深圳市宝安区石岩湖学校　何惠

3. 萌娃不要慌，老师伴成长
——喜欢新老师主题班会

[班会背景]

发展心理学的研究表明，人生的不同阶段，重要他人会发生一些变化。当孩子成长为小学生的时候，教师是该阶段学生的重要他人。学生把教师当作权威人物，对教师十分依赖。

低年级孩子往往喜欢一个老师，才会喜欢他的课。因此，根据这个年龄段孩子的认知心理特征，帮助孩子和新老师建立良好的师生关系显得尤为重要。

在班会课上，教师既要引领学生融入新环境，又要挖掘自身的优势资源，给予学生具体可行的指导，帮助他们快速适应校园生活。

[班会目标]

1.知识与认知目标：接纳学生的情绪，让学生初步感知教师职业，强化学生已有的良好认知。

2.方法与能力目标：引导学生理性沟通，帮助学生找到师生相处的有效方法。

3.情感与态度目标：教会学生理性思考，激发学生的内驱力，培养其向师性，引导他们在班级共同体中积极主动地去适应新变化，喜欢新老师。

[课前准备]

1.创设温馨的班级环境。

2.准备卡纸，准备身份大猜想素材。

3.开展职业体验活动并剪辑相关视频。

[班会过程]

一、热身活动：身份大猜想

（班会课伊始，老师先不出示课题）

师：下面，请小朋友们根据特征，猜猜我们今天要认识的这个人物，是我们身边的谁，或者从事哪种职业。

1.猜猜他是谁

课件出示身份特征：①工作时经常站着。②要使用粉笔。③身边总有很多孩子。④工作很辛苦。

2.说说他是谁

请四组学生自由畅谈。

身份大揭秘：课件随机出示不同学科、不同性别的老师的照片。

教师小结：同学们可真聪明，你们太会观察了！是的，他就是和我们朝夕相处，共同成长的老师。

【设计意图】调动学生的参与热情，帮助学生更好地认识教师职业，为后面的活动做铺垫。

二、说一说："我最喜欢的老师"

1.分享你了解的老师

课件出示一些学科老师：语文老师、数学老师、美术老师……

互动追问：除了这些老师，我们还有哪些学科老师？

学生自由谈：音乐老师、舞蹈老师、体育老师、心理老师……

（温馨提示：教师可以先列举一些让孩子们猜猜看，低年级的孩子往往非常热情而且表现欲强）

2. 畅所欲言："我最喜欢的老师"

师：你最喜欢哪位老师？为什么？

生1：我最喜欢的老师是数学老师，因为他幽默、有趣。

生2：我最喜欢的老师是美术老师，因为他画画特别棒，而且很温柔。

教师小结：每个人都说出了原因。你们喜欢一位老师，可能是因为他的性格，也可能是因为他的特长，还可能是因为他说话的方式……你们都是爱观察、会总结的小能手，善于发现老师的优点。

【设计意图】大部分学生对老师已经有了基本的了解，通过"说一说：'我最喜欢的老师'"这个环节，引导学生发现老师的优点，也可以从中感知学生对老师的不同期待。

三、看一看：了解老师的另一面

师：同学们，我们初步认识了老师这个职业，也分享了自己最喜欢的老师。那你们了解老师的另一面吗？咱们一起来看一看。

1. 多才多艺

课件出示语文老师跳舞、英语老师弹钢琴、数学老师做菜的照片等，让学生看到老师生活中的一面，从而更加喜欢老师。

2. 职业体验

①职业体验大家谈。

师：在本次班会召开前，我们设置了职业体验日——"今天我当小老师"。下面，老师想采访一下这些体验者，请他们谈一谈自己的独特感受或者说说心里话。

生1：我很开心，因为我也可以在讲台上给同学们讲知识，同学们送给我的掌声让我很自信。

生2：我有点儿害怕，原来站在讲台上大声说话真的很不容易，讲台下那么多双眼睛看着我，我的心跳得特别快……当老师真的太辛苦了！

生3：当老师太难了！同学们的要求又多。老师，我以后想多为您做点儿事，不让您那么辛苦……我爱您！

②职业绘本一起看。

班主任带学生看职业启蒙绘本故事《长大"干什么"·老师》，让学生了解老师的日常工作有哪些。

3. 互动问答

①老师们每天都做些什么呢？（如上课、改作业、讲故事……）

②现在让你来当小老师，你最想教小朋友什么知识或本领呢？（尊重老师，帮助同学，认真听讲，好好学习……）

教师小结：你们能够畅所欲言，老师真的很开心。看来，老师这个职业并不是那么容易胜任的。同学们通过体验，学会了换位思考，真实地体会到了老师的不容易，也感受到了老师对学生的关爱和呵护。

【设计意图】了解老师的另一面，有助于拉近师生距离，帮助学生了解老师对自己的关心和爱护。

四、做一做：师生相处小锦囊

1. "我"是课堂小主人

从"我"出发，思考自己如何成为课堂小主人。比如，学会对自己负责，上课认真听课，课间文明做游戏，课后及时复习……

2. 我们是成长好伙伴

想一想:"我"可以和小伙伴一起做什么?

比如,当心灵小使者,帮助同学疏解小烦恼;当互助小达人,和同学一起快乐成长;当紧急联络人,遇到突发情况第一时间告诉老师。

3. 师生相处有妙招

学生和老师课上是师生关系,应和老师积极互动;课下是朋友关系,有心事、乐事,可以和老师畅所欲言。记住师生相处小锦囊:

调整心态,积极适应;

停止比较,发现优点;

及时沟通,消除陌生;

同伴互助,双向奔赴。

4. 画出自己喜欢的老师

指导学生在纸上描绘出自己最喜欢的老师。也可以把自己最期待的老师的样子画出来。班会课结束后将卡片送出或展示。

【设计意图】结合具体的主题活动,让学生一步一步掌握师生相处的小妙招,慢慢喜欢新老师。

[课后延伸]

1. 布置班级"时光相册墙"。每月更换,小组轮流讲解主题,留住师生之间的温馨瞬间。

2. 建立"树洞心语屋"。把树洞摆放在班级的固定位置,它是师生沟通的桥梁,能加深师生之间的情感。

3. 每月更换班级"夸夸卡"。这个板块由师生共同完成。师生之间互相夸,放大优点,引导师生和谐相处。

[反思与总结]

1. 把握低年级孩子的身心特点和班级学情，是开展本次主题班会的重要前提。班主任的课堂驾驭能力和随机应变能力十分重要。

2. 充分利用学生对新学期、新学科、新老师的好奇心，让学生顺利度过适应期。

3. 本次班会集中于初步感知、积极接纳、正向引导、同伴互助等方面的内容，利用积极心理学的正强化策略，引导低年级的孩子学会接纳，积极沟通，平稳过渡。

4. 人生充满变化，让孩子学会适应变化非常重要。适应变化是我们每个人生命中必不可缺的课题。

》安徽省合肥市师范附属小学　郭古月

习 惯 篇

4. "一二三，坐端正"
——课堂守规则主题班会

[班会背景]

奥地利动物学家、现代动物行为学的创立者之一康拉德·劳伦兹发现了印刻现象并提出了关键期的概念。印刻现象是指刚出生不久的小动物追逐它们最初看到的能活动的生物，并对其产生依恋之情的现象。发展心理学家将动物的关键期概念引入儿童学习行为的研究领域，发现儿童的心理发展同样存在关键期，如纪律关键期。把握住这一关键期，能够培养儿童良好的规则意识。

古话说"无规矩不成方圆"。这告诉我们规则无处不在。好的规则意识能够助力学生养成良好的学习习惯。对一年级新生而言，在入学第一周的适应性教育中，学习课本知识是重要但不紧急的事，培养规则意识才是最为紧急且重中之重的事。所谓"磨刀不误砍柴工"，良好的课堂行为规范将影响教师教学工作的顺利开展，更直接影响学生课堂学习的效果。

[班会目标]

1. 知识与认知目标：清楚课堂规则的基本内容与要求，能分辨课堂行为的对错。

2. 方法与能力目标：通过参观体验、创设情境、读规则儿歌和设计规则棋，懂得如何做好课前准备，学会遵守课堂规则，提高自我管理与约束能力。

3.情感与态度目标：树立遵守课堂规则的意识，懂得人人遵守课堂规则，大家才能学好的道理，养成尊重课堂、认真学习的态度与习惯。

[课前准备]

1.查找培养儿童规则意识的绘本。

2.查找与课堂规则相关的儿歌。

3.收集、拍摄关于课前准备、课堂参与的照片与视频。

4.准备课堂上奖励学生的大红花贴纸。

5.初步设计"课堂规则棋"。

6.制作一个以卡通小兔为主要元素的活泼、可爱风格的课件。

7.下载富有节奏、旋律明快的音乐。

[班会过程]

一、"课堂大王国"，入门初体验

1.小眼睛，细观察

师：同学们，前几天老师带大家参加了校园大探秘活动，你们已经熟悉了自己的学校和班级。今天，老师想继续带大家"开火车"，去第二站——"课堂大王国"。你们想不想去？（故作神秘状）

师：不过呀，"课堂大王国"里有很多"规则小使者"把守着门，只有不说话、爱观察的小朋友才能顺利通行！你们能做到吗？

（组织学生排好队走出教室，全程保持安静，到距离最近的正在上课的二年级教室里现场参观3—5分钟。在二年级教室门口，教师再次强调纪律问题，并布置参观小任务。）

师：在进入"课堂大王国"之前，"规则小使者"给你们派发了一个参观小任务，就是请你们仔细观察，看看小学的课堂和你们以前幼儿园的课堂有什么不一样。回教室后，能够回答问题的小朋友将获得"规则小使者"送的大红花一朵。听明白了吗?

（组织学生从二年级教室后门进入，适时引导学生观察二年级哥哥、姐姐在课堂上的表现，之后有序回本班教室）

师：好啦，快来说说你们的发现吧！

生1：我发现小学课堂有很多"一二三，坐端正""小眼睛，看老师"这样的口令。

生2：我发现哥哥、姐姐们桌上的学习用品摆放得很整齐。

生3：我看到哥哥、姐姐们认真听讲不说话，要回答问题的话先举手，老师叫到他，他才能说话。

…………

师：你们的小眼睛真会观察！是的，小学课堂和幼儿园的很不一样！你们现在是小学生，就要像哥哥、姐姐们那样遵守课堂规则，这样才能学好知识和本领。

2. 小口令，练起来

师：现在，我们一起来练练几个课堂小口令。老师说——一二三，你们说——

生：坐端正。

师：老师说——小眼睛，你们说——

生：看老师。

师：老师说——小嘴巴，你们说——

生：不说话。

师：老师说——小耳朵，你们说——

生：仔细听。

师：谁的反应快、表现好，"规则小使者"将再送给他一朵大红花。

（首先，以师生接龙的方式，带学生熟悉这些常用的课堂规则口令。然后，创设几个课堂情境，训练学生遵守课堂规则。根据学生的表现，适时奖励红花贴纸。）

3. 小情境，试反应

（教师语言描述，学生表演相应的动作。刚开始教师的声音是轻柔的，语速是缓慢的，然后声音突然变得洪亮、语调上扬。）

师：上课上到一半，有的同学趴在桌子上，有的用手撑着头，还有的懒洋洋地打哈欠……一二三——

生：坐端正。

师：同学们的表现真棒！这些课堂小口令，都记住了吗？

【设计意图】小学课堂与幼儿园课堂有很大区别。带学生参观小学课堂，整体感知小学课堂，让学生明白怎样的课堂行为才是遵守规则的行为。对小学课堂有了第一印象后，再对学生进行游戏化、情境化的课堂常规训练，也就不枯燥、不突兀了。

二、课前做准备，巧妙方法多

1. 出示课堂情景图，引发讨论

师：瞧，在科学课上老师带着大家用气球做游戏，同学们玩得多起劲呀！可是，小兔同学怎么就愁眉苦脸的呢？它的桌面空空的，只能眼巴巴地看着别人玩。你们知道是怎么回事吗？

（学生思考，发言）

师：是的，小兔同学忘记带气球了！你是不是也有过忘记带学习用品的经历啊？谁来说说忘带学习用品，给自己带来了什么麻烦？

（学生自由发言）

2. 请出"规则小使者"，习得妙招

师：面对这样的麻烦，该怎么办呢？我们来听一段音频，听听"规则小使者"给大家分享的小妙招吧！

（音频内容大致如下：我的小妙招就藏在这个课程表里。我每天按照课程表来准备第二天的学习用品和书本，这样就不会丢三落四了。我的课

程表里还藏着一个小秘密，你们发现了吗？有些学科的名称我还不会写，就画个小图来表示，比如我在"音乐课"旁就画个音符，在"体育课"旁画个篮球，在"美术课"旁画上彩笔。这样的课程表不仅能提醒我上什么课，还能提醒我带好相应的物品。）

师：做创意课程表，这个方法太妙了！利用课程表提醒自己每天做好上学的准备，带好书本和物品，这一招，你学会了吗？刚才我们去参观二年级教室的时候，发现哥哥、姐姐们在课前就将本节课需要的书本和文具准备好，整整齐齐地放在桌面上，这个方法也很好。"规则小使者"编制了《课前准备歌》，我们一起边拍手边读吧！

铃声响，进课堂，

课本铅笔齐摆放。

静等老师来上课，

比比坐姿谁最棒！

师：嘿！有的同学读完儿歌就坐端正了，还有的同学立马把自己的桌面整理好了……你们声音响亮、精神饱满，真是太棒了！

【设计意图】良好的开端是成功的一半。打造高效课堂，从充分的课前准备开始。在课堂上引入小学低年级学生喜爱的卡通形象，设计课前准备不足的问题情境，让学生既有代入感，又有情感共鸣，从而引发课堂讨论。考虑到一年级学生的课前准备意识不足，解决问题的能力不强，因此请出"规则小使者"，借虚拟人物之口进行引导教育，再让学生齐读《课前准备歌》加以强化，以求达到入脑入心的教育效果。

三、解小兔苦恼，立课堂规则

师：咦，"课堂大王国"里传来谁的哭声呀？（先播放音频，再出示图片）

生：是小兔！

师：它为什么哭呢？我们一起来问问小兔吧！

（播放音频：我想成为一名勤举手、多发言的小学生，可是我不知道上课时应该怎样提问，更不敢举手发言……呜呜呜……）

师：这可是个课堂学习的大问题！现在，"规则小使者"向大家发出集思帖，请各位同学一起想办法，来帮帮爱学习的小兔吧！

生1：小兔别哭，我来帮你出主意！你上课时要认真听老师讲，还要多听同学发言！

生2：小兔，我的建议是，在课堂上，多多动脑筋，好好想老师提出的问题。

生3：先别着急，把自己不明白的跟老师说清楚。

师：你们为小兔想出的办法真不错——认真听，好好想，说清楚。再奖励你们一朵大红花！如果有同学也像小兔这样不会提问，不敢举手，那就一起试试这些办法吧！（播放小兔认真听讲、积极举手发言的视频）

师：瞧，小兔听取了大家的建议，在课堂上表现得多好呀！可是，它又碰到了新难题，和同学合作学习时它感到苦恼。（播放视频）

🌼 情境 1

一对同桌气鼓鼓地背对背说："我才不想读给你听呢！""我也不想读给你听！"

🌼 情境 2

四人小组围在一起七嘴八舌，其中一名学生说："你们都抢着大声说，我什么都听不清了！"

师：他们合作学习的效果好不好？你觉得应该怎么做呢？

生1：同桌之间应该互相学习，你读一遍给我听，我读一遍给你听。

生2：小组合作学习的时候，应该每个人轮流发言，其他人认真倾听。

生3：在课堂上不要闹别扭，会影响学习。

师：你们说得太对了！认真倾听的小兔把你们的精彩发言编成了《课堂规则歌》。来，跟着音乐，我们一起站起来读读。

认真听讲不吵闹，学习知识很重要。

勤动脑来多举手，专心听讲学得好。

敢提问呀会合作，多种方法效果佳。

【设计意图】以小兔这一卡通形象串联活动，设计具体情境，激发学生的同理心，从而引发头脑风暴，培养学生解决问题的意识与能力。帮小兔解难题的过程，正是学生进行自我教育的过程。教师点评时，适时总结课堂规则要点，让教育润物细无声。

四、情景大转盘，巧设规则棋

师：同学们，我们在"课堂大王国"里学习课前准备和课堂规则时，不少同学获得了"规则小使者"送的大红花。举起来给老师看看，集了多少朵呀？接下来，我们玩个情景大转盘的游戏，这些行为是对还是错？对在哪儿？错在哪儿？能说明理由的话，将获得"规则小使者"送的大红花一朵。准备好了吗？

（课件出示情景大转盘）

①上课铃响，小明坐姿端正，安静地等老师。

②老师在讲课，小红积极举手发言。

③在其他人发言时，有一对同桌在说悄悄话。

④课堂上大家在用学具玩游戏，小丽看着窗外发呆。

⑤小组合作时，大家七嘴八舌地抢着发言，一个比一个声音大。

⑥一对同桌按照老师的要求，轮流读词语学汉字。

⑦小强在上课期间随意走动。

（随机请学生上台玩转盘游戏，转到哪个情景题，就进行判断说明，说得不准确的地方，老师适时引导点拨；说得好的地方，老师及时表扬肯定。）

师：同学们，每一堂课都很重要，人人遵守课堂规则，大家才能一起好好学习，天天向上，才能成为合格的小学生！当然，老师知道大家在课堂学习中，也会有松懈的时候。为了让大家在课堂上有更精彩的表现，老师带来了一盘特殊的棋——"课堂规则棋"（如图1所示）。大家仔细观察棋盘，看看自己是否看得懂。

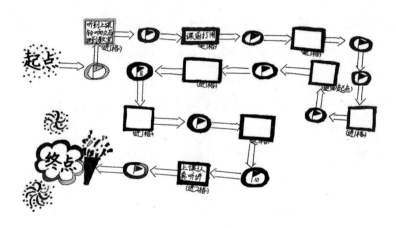

图1 "课堂规则棋"初版

师：可是，同学们，"课堂规则棋"还有些地方没设置好，请四人小组讨论，一起来完善。完善之后就可以下棋了。相信运用大家的智慧，一定可以把规则棋设计得很好玩。

（学生设计，教师指导）

教师总结：同学们，通过这节课的学习，我们知道了课堂规则非常重要。期待同学们在以后的课堂上都能专心听讲，遵守规则，争当"课堂大王国"的"规则小使者"！

【设计意图】做情景大转盘游戏，让学生在游戏活动中明辨是非。这是对课堂规则的温习与巩固。在宽松、包容的班级氛围中，让学生去完善规则棋的设计，不但能从中发现一批以身作则、起带头作用的小班干部人选，而且能进一步加强学生的自我教育。

[课后延伸]

在遵守课堂规则方面表现优秀的学生，将获得"规则小使者"送的大红花一朵。每周一进行评比，连续评比三周。获得大红花最多的三位同学，将担任课堂纪律班长。

[反思与总结]

1.本节班会课可安排在一年级新生入学的第一周开展。由于第一项活动就是上课时到二年级教室参观，为了让本活动顺利进行，需要班主任提前与二年级的班主任做好协商沟通工作。一方面，要确定好开展本节班会课的时机；另一方面，要让二年级的师生做好展示准备，起到示范、引领作用，充分发挥课堂规则的"印刻效应"。

2.新课标强调教师要注重幼小衔接，合理设计小学课程，注重活动化、游戏化、情境化、生活化的教学设计。本节班会课以儿童为中心，设计多种活动，创设多种情境，让学生乐在其中，学在其中。

3.课堂规则主题班会课，若是上成填鸭式说教课，教育效果将大打折扣。因此，开展本节班会课时，教师应尽可能调整自己的教学体态、语音、语调，尽可能活泼、俏皮些，以拉近师生之间的距离，让情境创设更逼真，让学生真正身临其境，感同身受。

》江西省南昌师范附属实验小学红谷滩分校　黄巧云　翁梦园

5. "礼"的魔法乐园
——懂礼讲文明主题班会

[班会背景]

荀子曰："人无礼则不生，事无礼则不成，国家无礼则不宁。"礼仪是一个人道德水平、文化修养的外在表现，也是一个国家社会文明程度、道德风尚的反映。从小进行礼仪教育有利于提高学生的文明礼仪素养，培养学生健全的人格。

根据皮亚杰的道德发展阶段理论，小学低年级学生尚处于他律阶段。这个阶段儿童表现出对外在权威绝对尊重和顺从，把权威确定的规则看作绝对的、不可更改的，在评价自己和他人的行为时完全以权威的态度为依据。所以，在小学低年级文明礼仪教育中，要遵循学生的发展特点，创造一个讲礼仪的环境，通过树立榜样、他人监督的方式，提高学生的文明礼仪素养，达到美德教育的目的。

[班会目标]

1. 知识与认知目标：帮助学生了解文明礼仪的重要性，明白懂礼是为了学会做人，促进自己全面发展。

2. 方法与能力目标：通过小组讨论、情景剧表演等方式，指导学生了解自身的品格状况，学会讲文明、懂礼貌。

3. 情感与态度目标：感受文明礼仪的魅力，提高文明礼仪素养。

[课前准备]

1. 根据班级人数准备一些白色 A4 纸。

2.制作一些毛毛虫形状的卡片，描述班级不文明现象。

3.根据班级人数准备一些啄木鸟形状的空白卡片。

4.设计小组文明"小火车"竞赛表。

[班会过程]

一、碰碰车

师：同学们，上课之前我们一起来玩一个游戏，看看谁的想象力最丰富。老师说一个事物，请说说你看到、听到它时最先想到了什么。比如，天上的云朵？

生：棉花糖。

师：弯弯的月亮？

生：小小的船。

师：流水的声音？

生：叮叮当，叮叮当，铃儿响叮当。

师：地面上黑乎乎的纸片？

生：黑乎乎的污泥。

师：刺耳的尖叫声？

生：吓人的雷声。

师：打架的小朋友？

生：凶猛的老虎。

师：被摘下来后枯萎的花朵？

生：没有水的鱼儿。

师：骂人的话？

生：令人讨厌的奇奇怪怪的符号。

【设计意图】低年级学生对"文明"这个词的具体感知较少。让学生利用同类事物来表达自己对某些行为的感受，便于他们更好地理解不同的行为会给人带来不同的感受。

二、神奇画笔

师：在你的生活中，是美好的事物多一些，还是不美好的事物多一些呢？现在，老师给大家发一张白色的纸。这张纸就代表你的生活。请你回顾自己最近几天的生活，按照以下要求画一幅画吧。

如果你见到老师、同学主动问好了，请画一朵美丽的花。

如果你主动捡起了地面上的垃圾，请画一株小草。

如果你夸奖了别人，或者别人夸奖了你，请画一只蝴蝶。

如果你帮助了同学，请画一只蜜蜂。

如果你上下楼梯靠右行，请画一棵小树。

如果你没有在教室里大吵大闹，请画一只正在唱歌的小鸟。

如果你见到老师没有打招呼，请画一朵枯萎的花。

如果你乱丢垃圾了，请画一个黑色的圆圈。

如果你说脏话或者和同学吵架了，请画一道黑色的闪电。

如果你和同学打架了，请画一座光秃秃的山。

如果你上下楼梯横冲直撞，请画一头发狂的牛。

（学生按照要求作画，结束之后老师采访，先采访喜欢自己的画的学生，再采访对自己的画不满意的学生）

师：这幅画哪里最漂亮？

生1：画了很多蝴蝶。

师：画蝴蝶的时候你在想什么？

生1：我想到了昨天××夸我的字很工整，我就很开心。

师：你对你的画有哪些不满意的地方？

生2：我不喜欢这道黑色的闪电，要是没有这道黑色的闪电就好了。

师：你画这道黑色的闪电时心里想到了什么？

生2：昨天我大声骂了××，我很生气，他也很生气。

师：为什么要大声骂他？

生2：他把我的书弄倒了。

师：如果重来一次，你还会大声骂他吗？

生2：不会了。我会告诉他要小心一点儿，这样我们就不会生气了。

师：同学们，这幅画就是你生活的影子。如果你讲文明，懂礼貌，就会有美丽的花朵、快乐的小鸟，人人都喜欢这样美丽的画，喜欢这样的你。如果你不讲文明，那就连你自己都不喜欢自己，又怎么让大家喜欢你呢？所以，讲文明，懂礼貌，从现在做起吧！

【设计意图】通过第一个环节的谈话，学生对文明礼仪已经有了初步感受。这个环节让学生通过绘画来回顾自己最近几天的行为，引导学生去发现自己的行为带来了哪些影响，让学生更加深刻地明白文明礼仪的重要性。

三、头脑风暴

1. 文明用语知识抢答

有人帮助你时，你要说（　　　　　）。

不小心踩到别人时，你要说（　　　　　）。

人家向你道歉时，你要说（　　　　　）。

放学了要和老师、同学说（　　　　　）。

在校园里见到老师你要说（　　　　　）。

2. 你还知道哪些小学生文明礼貌用语

见到老师，我会说（　　　　）。

同学相遇，我会说（　　　　）。

请求帮助，我会说（　　　　）。

得到表扬，我会说（　　　　）。

在教室里踩到同学的脚了，我会说（　　　　）。

当别人向我表示歉意的时候，我会说（　　　　）。

课间碰掉了同学的铅笔盒，我会说（　　　　）。

别人帮助我后，我会说（　　　　）。

3. 学习《校园文明拍手歌》

你拍一我拍一，我不随手扔垃圾。

你拍二我拍二，捡起垃圾净校园。

你拍三我拍三，就餐有序不争先。

你拍四我拍四，健康不要吃零食。

你拍五我拍五，爱护花草小动物。

你拍六我拍六，课间休息不吵闹。

你拍七我拍七，上下楼梯不拥挤。

你拍八我拍八，团结互助好娃娃。

你拍九我拍九，集合路队不说话。

你拍十我拍十，举止文明好孩子。

【设计意图】前两个环节已经让学生明白了文明礼仪在生活中是非常重要的，再结合校园生活提炼出学生需要学会的一些文明礼仪，让学生知道讲文明是什么，讲文明要怎么做，把文明礼仪教育落到实处。

四、急救总动员

师：我们班级由 48 位学生组成，我们一起种下了这棵文明树。但现在我们班有不少不文明现象，这些不文明现象就像害虫，它们在文明树上安了家，文明树都生病了。你能当一名小医生，给文明树治治病吗？

（老师先让学生观察文明树上有哪些不文明害虫，再给学生分发准备好的啄木鸟形状的小卡片，让学生写上班级的文明行为。一只文明啄木鸟可以吃掉一条不文明害虫。）

【设计意图】一年级学生还处于他律阶段，如果我们创造一个讲文明的环境，学生就会倾向于服从周围环境的道德观，从而提升自己的文明礼仪素养。

五、激流勇进

师：同学们，在大家的帮助下，咱们班的文明树又恢复了生机。我们今后要好好保护它。只有每个人都讲文明，懂礼貌，才能让它茁壮成长。下面，老师给大家带来一个游戏——文明"小火车"。请你和小组成员讨论，制定游戏规则。看看一周内谁获得的文明旗帜最多，每周获得两面旗帜的同学就可以成为班级文明之星。

学生讨论规则，全班投票，共同制定班级文明礼仪规则。

班级文明"小火车"游戏规则如下：

每四人一个小组，小组内两两互相监督，再选出一人做小组长负责执行。每人有四面旗帜，必须把第一面旗帜送到终点才能拿第二面旗帜出发。

做到以下事情，前进一站：主动向老师问好，主动向同学问好，主动捡起地面上的垃圾，帮助同学，上下楼梯靠右行，不乱丢垃圾，升国旗时肃静并敬礼，不和同学争吵打闹，整齐排队出校门。

如有以下行为，后退一站，并为班级服务一次之后才可以继续出发：

说脏话，与同学打架，不安静排队，上下楼梯吵闹，乱丢垃圾，欺负同学。（如表1所示）

表1　小组文明"小火车"竞赛表

（　　）小组文明"小火车"			
终点	终点	终点	终点
第九站	第九站	第九站	第九站
第八站	第八站	第八站	第八站
第七站	第七站	第七站	第七站
第六站	第六站	第六站	第六站
第五站	第五站	第五站	第五站
第四站	第四站	第四站	第四站
第三站	第三站	第三站	第三站
第二站	第二站	第二站	第二站
第一站	第一站	第一站	第一站
出发1	出发2	出发3	出发4

以上规则可以根据班级具体情况及时调整。

制定好游戏规则后，每周进行评比表彰，利用外驱力促进学生养成良好的文明礼仪习惯。

【设计意图】对低年级的孩子，要多利用外驱力。老师要通过制定规则、采取奖励措施去推动他们进步，借外驱力来激发孩子的内驱力，以此达到教育目的。

[课后延伸]

班级要举行"文明形象大使"选拔赛，请你为比赛设计一幅宣传海报。

[反思与总结]

1.要注重学生的感受，从学生的角度出发，去理解、感知文明礼仪的重要性。在教学过程中老师多让学生表达，引导他们在做中学，学会自己总结，而不是老师说教。

2.有的孩子文明礼仪素养不够高，完成画作的时候就不是那么积极。这时老师要及时鼓励孩子多发现自己讲文明的行为，以鼓励为主。这个环节的重点是让孩子感受文明与不文明的区别，而不是去批评这些不文明现象。一定要保护好孩子的自尊心，不要让孩子受到其他同学的指责。

3.在制定文明"小火车"游戏规则时，需要老师随机指导。低年级学生的规则意识不够强，这就需要老师帮助建立规则，并监督学生遵守规则。鼓励孩子以发现美为主，树立榜样，以点带面，全面提高班级孩子的文明礼仪素养。

4.好习惯不是一日养成的，本次班会只是一个开始，需要长期跟踪。学生的年龄不同，道德发展的特点也就不同，老师要根据实际情况做出调整，还要注意及时表彰学生。

》深圳市宝安区石岩湖学校　何惠

自 我 篇

6. 身体红绿灯
——学会自我保护主题班会

[班会背景]

    小学二年级学生性别意识还不太强烈，还没充分认识自己的身体，有时对自己和他人之间的身体界限认识比较模糊，容易导致同学之间产生误会或者冲突。

    近些年社会上侵犯儿童的案件时有发生，提高学生的防范意识，使其掌握保护自己身体的小技巧，提高学生自我保护的能力至关重要。

    本次班会课，我们将努力使学生正确认识自己的身体，知道自己和他人身体的界限，学会尊重别人，并且保护自己。

[班会目标]

    1. 知识与认知目标：通过活动，使学生认识身体的隐私部位，了解身体可分为"红灯、黄灯、绿灯"区域，知道人与人之间身体接触的界限。

    2. 方法与能力目标：提高学生保护自己身体红灯区域的能力，掌握遇到危险情境时主动求助、智慧脱离危险的方法。

    3. 情感与态度目标：增强学生保护身体的意识。

[课前准备]

    1. 制作多媒体课件。

2.设计并剪裁好教具（人体海报、红黄绿三色卡片等）。

3.设计并印刷好学案。

4.准备一米长的绳子若干。

[班会过程]

一、唱歌识身体，引发学习兴趣

师：先跟老师学唱一遍《身体歌》。

拍拍我的肩膀，拍拍我的头部

碰碰我的膝盖，摸摸我的嘴巴

摸摸我的耳朵，拍拍我的大腿

捏捏我的腰腰，拍拍我的手臂

师：我们给歌曲配上动作，边唱边做动作，和自己的身体来一次亲密接触。

【设计意图】班会课开始前进行暖身活动，帮助学生了解自己身体的各个部位，活跃课堂气氛，为下一阶段的活动做好身心准备。

二、玩"解套"游戏，感受身体界限

师：现在就让我们带着快乐的心情玩一个"解套"游戏吧！一个男生和一个女生组成一组。

游戏规则：

①将一根绳子的两端分别绑在一个人的两只手腕上。

②两人的绳子必须交叉。

③将交叉的绳子分开即胜利，不能剪断，不能拿下绳子，不能解开

绳结。

教师指定成功解开的一组学生进行演示。

教师顺势采访：

①在刚才的游戏中，对方碰到了你身体的什么部位？你愿意给对方碰吗？有没有觉得尴尬或不舒服？

②如果对方玩游戏时动作幅度太大了，不小心碰到了你的屁股，你会不会觉得尴尬或不舒服？

教师小结：刚才的游戏让我们感受到其他人接触我们身体的不同部位时，我们是有不同的情绪和感受的，也会有不同的反应。所以，我们要明白自己身体的界限。

【设计意图】通过"解套"游戏，打开学生身体接触的密码，让他们懂得尊重自己的感受，尊重别人的感受，明白身体接触是有界限的。

三、贴身体"红绿灯"，玩"可以，不可以"游戏，明晰身体界限

1. 贴身体"红绿灯"

师：接下来我们进行小组合作，请同学们一起来找一找男孩和女孩身体的红灯区域、绿灯区域和黄灯区域，并贴上不同颜色的卡片。

（出示"温馨提示"并提醒学生合作方法）

温馨提示：

①红灯区域：只有自己才可以触碰。

②绿灯区域：一般人都可以触碰。

③黄灯区域：只有与自己关系密切的人在征得自己同意后才可以触碰。

（学生进行小组合作，共同粘贴身体"红绿灯"，然后上台汇报）

教师小结：红灯区域是身体的禁区，泳衣覆盖的地方是身体的红灯区域。别人触碰了会让我们感到不舒服、难堪、尴尬，这就是我们的身体亮

起了——红灯。

绿灯区域是身体的安全区，一般人在日常交往中都可以触碰。例如，握手、拍拍肩会让我们感到快乐、友好，这就是我们的身体亮起了——绿灯。

黄灯区域是身体的警戒区，只有与自己亲近的人在自己允许后才准接触。

【设计意图】在粘贴身体"红绿灯"的过程中，学生提高了对身体各个部位的认知。

2. 玩"可以，不可以"游戏

师：在日常交往中，遇到下列情境时，你会选择接受还是不接受呢？

你认为可以接受的，双手做 V 手势并说"可以"；你认为不可以接受的，双手做 X 手势并说"不可以"。

（教师出示情境，学生判断。在这一过程中教师要随机追问："你为什么认为这个可以接受？""你为什么认为这个不可以接受？"）

老师拍拍你的肩夸你做得好。

邻居叔叔想摸一下你的私处。

朋友在做游戏时需要拉你的手。

表哥喜欢把手放在你的大腿上。

医生在看病时需要检查你身体的红灯区域。

姐姐的男朋友要亲你的脸颊。

爸爸轻轻地拥抱你。

妈妈想帮你在私处涂药。

有人给你看电脑上露出私处的照片。

【设计意图】出示多个情境，让学生判断哪些行为是可以接受的，哪些是不可以接受的，以提高学生的辨别能力。老师的追问也能进一步巩固学生对身体红灯区域、绿灯区域和黄灯区域的认识。

四、当"保护小天使"，掌握护身小技巧

师："知心姐姐"信箱收到了好几位同学的来信，让我们当"保护小天使"，告诉他们怎么办吧！

（出示四个情境，邀请学生出谋划策）

❀ 情境 1

下课了，同学们快乐地玩耍，有男生玩耍时会互相抓对方的生殖器，或者突然扯下别人的裤子，以此取乐。小明为此很苦恼，他该怎么办呢？

❀ 情境 2

有一次，强强去邻居哥哥家玩，发现邻居哥哥在看有很多成人裸体画面的电影，他邀请强强一起看。邻居哥哥还向他展示了有很多女人裸体画面的书刊。强强该怎么办呢？

❀ 情境 3

补习班的老师在辅导功课时经常和小美挨得很近，有一次还把手放在小美的大腿上，这让小美感觉很不舒服。小美该怎么办呢？

❀ 情境 4

小丽去邻居爷爷家玩，邻居爷爷突然表现得很亲密，还摸了她的隐私部位，事后威胁她不能告诉别人。小丽该怎么办？

（学生商量对策，总结保护身体小技巧）

教师小结：第一，我们要尊重别人的身体，同学或朋友之间不能乱开玩笑。第二，当别人触碰我们身体的红灯区域或黄灯区域时，不管对方是

我们的亲戚还是熟人，只要我们感觉不舒服，就要拒绝。第三，遇到有人硬是要摸我们身体的红灯区域，如果身旁有人，我们可以大声呼叫，事情严重时，我们还可以报警。第四，要把这种事情告诉自己信任的大人，让大人帮助我们。

【设计意图】通过出示四个情境，让学生知道在常见的情形下如何保护自己。通过这样的活动，学生更加深刻地意识到在任何时候和任何场合都要保护好自己，而且采用游戏的方式更能深入低年级儿童的内心，给他们留下深刻的印象，唤起其自我保护意识。

五、总结体会，巩固认知

师：同学们，你们真棒！相信你们一定能当好自己的身体保护小天使。老师要奖励你们一首歌，请用《学猫叫》的旋律一起唱一唱，把这首《保护歌》牢牢记在心中。

我们齐唱保护歌，一起唱唱唱唱唱。
红灯区域拒绝碰，黄灯区域要考虑，
绿灯闪烁请通行，正常交往恰恰好。
我的身体我能保护好！
我们齐唱保护歌，一起唱唱唱唱唱。
遇到有人闯红灯，拒绝离开好办法。
被人伤害不隐瞒，告诉家长最安全。
我的身体我能保护好！

师：现在我们一起整理一下思绪，在今天的活动中，你有什么发现和感悟呢？请同学们填一填活动单，并在小组里分享。

通过这节课，我学到了＿＿＿＿＿＿＿＿＿＿＿＿＿＿＿＿＿＿＿＿。

我的感想是＿＿＿＿＿＿＿＿＿＿＿＿＿＿＿＿＿＿＿＿＿＿＿＿＿＿＿＿。

今后，我将＿＿＿＿＿＿＿＿＿＿＿＿＿＿＿＿＿＿＿＿＿＿＿＿＿＿＿＿。

［课后延伸］

布置作业：从今天起，你们肯定会更加尊重别人，也会更加智慧地保护自己，课后请和爸爸妈妈一起看绘本故事《不要随便摸我》。

【设计意图】用一首朗朗上口的《保护歌》来总结内容，套上学生喜欢的《学猫叫》的旋律，在欢快的节奏中巩固了所学知识。有输入，也要有输出，通过填写并分享活动单的形式来交流学生的收获，这才是真正有效的班会课。最后，将亲子共读绘本《不要随便摸我》作为本节课的延伸，也能增强家长教育孩子保护身体的意识，可谓一箭双雕。

［反思与总结］

1. 对"解套"游戏，为了实现课堂的高效性，可以提前组织学生在绳子的两端打好结，到时候直接把手套进去就行，这样可以多留点儿时间让学生充分体验。

2. "解套"游戏结束后，教师一定要追问。比如，"男生、女生做游戏时会避免过于亲密的身体接触，为什么你会避开这些接触呢？""如果不小心碰到，你会有什么感受？"要让学生明白身体接触是有界限的。

3. 教师抓住了低年级学生喜欢参与活动、善于体验情感的特点，采用了创设情境法、游戏互动法、案例教学法、讨论交流法进行教学。从学生填写的活动单中可以看出他们本节课收获颇丰。

》广东省佛山市禅城区南庄镇紫南小学　陈宝瑜

7. 嗨，情绪小特工
—— 和情绪交朋友主题班会

[班会背景]

　　情绪是人对客观事物的态度体验及相应的行为反应，是个体的一种主观感受，会引起一定的生理变化。二年级学生往往情绪外显，情绪丰富且不稳定，情绪管理能力弱。他们会因为几句玩笑话或不小心的推搡发生矛盾、争吵，产生消极情绪，进而影响人际关系以及学习和生活的状态。所以，帮助学生认识到情绪存在的合理性，帮助他们理解和化解自己的不良情绪，学会建立良好的人际关系，培养积极、乐观的生活态度尤为重要。因此，本节班会课借助影片《头脑特工队》的节选片段，以生动、有趣的活动，让学生感悟情绪的重要性，学会和情绪交朋友。

[班会目标]

　　1. 知识与认知目标：能够识别不同类型的情绪，正确区分积极情绪和消极情绪。

　　2. 方法与能力目标：通过转念练习，尝试从多角度看待事情，体验情绪变化的过程。

　　3. 情感与态度目标：感受情绪的丰富性，树立化解消极情绪的信心，学会和情绪交朋友。

[课前准备]

　　1. 请学生将最近遇到的让自己快乐、伤心、担忧、害怕或讨厌的事情写在便利条上，完成后，请小组长收集起来并装入该小组的情绪漂流瓶中。

2.分析、统计学生提交的心情纸条。

3.准备好上课场地，请学生按小组围坐在教室地板上，备好上课所需的彩笔、白色卡纸等。

[班会过程]

一、感受情绪

1.游戏：抓逃手指

游戏规则：全体学生起立，每个人伸出左手食指，抵住左边人的右手掌心，伸出右手掌抵住右边人的左手食指。认真听老师接下来播放的一段故事，当听到"乌鸦"时则迅速用右手抓握右边同学的食指，同时将自己顶在左边同学掌心的食指逃脱。(播放《乌鸦与乌龟》故事音频)

2. 交流感受

师：在做游戏之前，你有什么感受？

生：期待、紧张、手心冒汗、慌张……

师：第一次听见"乌鸦"这个词时，你的感受有什么变化吗？

生：激动、刺激、大脑空白、心扑通扑通跳……

师：手指逃脱成功后，你感觉怎么样？

生：兴奋、骄傲、得意、满足……

师：手指逃脱失败了，你的感受是什么呢？

生：懊恼、后悔、伤心、愤愤不平……

(同一名学生完成以上问答，多位学生交流感受)

教师小结：紧张又刺激的游戏让我们产生了不同的感受，随着游戏的进行，不仅感受在变化，我们的情绪也在改变，同学们反馈的感受正是我们不同的情绪表现。

【设计意图】游戏既能让学生快速调整状态，积极主动地跟随教师开启课堂学习，也能让学生获得丰富的情绪体验，初步感知情绪的产生，为进一步了解情绪奠定基础。

二、情绪小剧场

1. 观看视频

师：各种情绪是怎样产生的呢？其实在我们的大脑总部住着五位掌管情绪的小特工，他们分工明确，负责不同的情绪，让我们更好地应对生活中的事件。今天就让我们一起去认识这些小特工吧！

（观看《头脑特工队》节选片段，认识情绪小特工）

2. 初识情绪

（教师引导学生结合视频及生活经验，用不同的语气、语调、表情、动作模仿五位情绪小特工的自我介绍）

生1：我是乐乐。我有一个梦想，那就是让小伙伴们都能像我一样开心！

生2：我是怒怒。听到有人说我很粗鲁，我才不粗鲁！你才粗鲁！

生3：我是忧忧。我好难过，不想动，就让我躺在这儿吧，别理我……

生4：我是怕怕。你想干吗？！别过来！！我要跑了，啊……

生5：噢，我的天啊！这是什么？没有见过！不规则的！不——不——这个不能吃！啊？我是厌厌。

师：真是惟妙惟肖！看来同学们对不同的情绪有了进一步的认识。原来在我们的大脑中存在这么多情绪，不同的情绪会带给我们不一样的体验。

3. 表达情绪：我手画我心

绘画规则：①任意选择一种颜色，在白色卡纸的卡通小人脸上添加表情，来表达你的心情，也可以在卡通小人周边画上任何你想画的图案。

②画完后，小组内传阅，说说你从小朋友的画里看出了他怎样的心情。

师：看了这幅画，你感觉画画的小朋友心情怎么样？

生：她画了好多红色的小火焰，我觉得她快被气疯啦！我上节课看到她同桌打了她两下，她肯定很生气！

师：其实，我们每个人在不同的时刻感知到的情绪是不一样的。因为每个人大脑里都有五位情绪小特工，所以我们会有开心、伤心、生气、难过、愤怒等不同的情绪。

【设计意图】二年级学生对情绪既熟悉又陌生，借助影片中具体可感知的人物形象，帮助学生加深对情绪的认识。

三、情商建造营

1. 情绪漂流瓶：积极情绪和消极情绪

师：老师在课前收集了小组的情绪漂流瓶，里面有你们写的心情纸条，请小组长决定你们组的情绪漂流瓶要漂到哪里去，再打开你们收到的情绪漂流瓶，小组成员一起拆开阅读。想一想：如果你经历这样的事情，你会有什么感受呢？哪种表情符合你的心情？

- 这次英语学科素养形成练习我得了 C。
- 语文课上老师表扬了我的书写很工整。
- 上学前我吃早餐太慢，妈妈唠叨了好久。
- 过生日的时候，姑姑给我买了好多玩具车。
- 同桌借了我的橡皮擦不还，还把它弄丢了。
- ⋯⋯⋯⋯⋯

（小组讨论，全班交流）

教师小结：你们都能准确地从同学描述的事件中感知他们当时的情绪，老师要表扬你们。那些让我们感到愉快的、兴奋的、骄傲的事情通常会让我们体验到正面的、积极的情绪，而那些让我们觉得害怕的、厌恶的、羞耻的事情往往会让我们体验到负面的、消极的情绪。因此，我们把情绪大致划分为两大类：积极情绪和消极情绪。当我们读到蕴含积极情绪的事件时，也会觉得——（很开心）读到蕴含消极情绪的事件时，会觉得——（难过、生气）没错，其实，情绪是可以互相传染的。

2. 观看视频

（让学生观看视频《踢猫效应》，然后谈谈自己明白了什么）

教师小结：每个人的情绪可以影响他人的行为、思想和情绪。这可以在多人之间相互影响，这种影响会不断增强。所以，我们在与同伴、家人、老师相处时要注意及时调节自己的消极情绪，不能让消极情绪像流感一样大范围传染。

3. 情绪大变身：转念练习

师：为了避免小朋友变成最后那只可怜的小猫咪，我们可以怎么做呢？

生：不要随意朝别人发脾气。

生：让消极情绪消失。

师：对啦！开动脑筋的小朋友，看来已经学会怎样和情绪做好朋友了。老师还有一个小妙招，可以帮助你们和不同的情绪小特工更好相处，成为更好的朋友。我们先来看一个小故事吧！

①出示故事，分角色朗读。

图图小朋友中午喝汤的时候，一不小心打翻了汤碗，里面的汤洒出了一半。面对这样的场景，A同学和B同学有不一样的想法。

A同学：完了，完了，汤流得到处都是，可怎么收拾啊！

分享心情：难过、不开心。

B 同学：有点儿可惜，不过还有半碗汤可以喝呢！喝完再打扫干净就好啦！

分享心情：乐观、开心。

教师小结：在人际交往中，从积极的角度看待问题，并且合理有效地表达自己的消极情绪，有利于我们建立和谐的人际关系。同时，和谐的人际关系也有助于我们保持积极情绪，这是正向循环。

②转念练习。

这次英语学科素养形成练习我得了 C。

消极想法：我真差劲，照这样下去下次可能会得 D。

积极想法：没关系，还有很大的进步空间，我好好努力争取下次得 A。

上学前我吃早餐太慢，妈妈唠叨了好久。

消极想法：哎呀，妈妈真啰唆！我又不会迟到，总是因为一点儿小事说我！

积极想法：还好今天只是被说了几句，下次我不能那么磨蹭了。

同桌借了我的橡皮擦不还，还把它弄丢了。

消极想法：他就是故意把橡皮擦弄丢，惹我不开心的，哼！

积极想法：可能是我不小心把它放到别的地方去了，我再好好找一找，还要请妈妈帮我把橡皮擦贴上名字，这样就不会不见啦！

教师小结：同学们能从不同角度看待事情，从而获得更多的积极情绪，老师为大家感到高兴！

【设计意图】学生有一定的生活经验，要让他们先认识到情绪存在的合理性，这样能更好地帮助他们理解和化解自己的不良情绪，从而培养积极、乐观的品质和生活态度。

四、总结与寄语

师：哪位同学可以帮忙总结一下这节课的内容？

生：出现消极情绪是正常的，我们可以转变自己的想法，将其变成积极情绪。我们是可以和这些情绪小特工做朋友的……

师：这节课我们通过情绪特工们了解了情绪以及如何正确表达自己的情绪。希望同学们能和不同的情绪做朋友，在生活中多运用转念的方法，转变自己的看法，寻找更多的快乐和正能量，做情绪的小主人。

[课后延伸]

情绪漂流瓶21天记录。

要求：1. 每天在便利条上记录让你印象最深刻的情绪事件，并把它放入你们小组的情绪漂流瓶中。

2. 小组成员轮流抽取情绪漂流瓶里的便利条，如果记录的是消极情绪事件，共同商讨如何转变观念，从积极的角度看待问题。

[反思与总结]

1. 课前游戏环节，大部分学生能全情投入游戏，在适应了游戏规则之后，个别学生在好胜心的驱使下，提前抓住同伴的手指，引起了同伴小小的不满。教师可以暂停游戏，采访当事学生的感受，也可以更改游戏规则，把目标词语"乌鸦"更换为其他词语，避免个别学生的游戏感受单一。

2. 在"我手画我心"环节，学生的绘画风格较为单一，不够多样化。教师可以引导学生回顾近期的生活状态，从与同学、老师、家长、兄弟姐妹相处的具体事件中，感知不同情绪，而不是仅以课堂状态为依据进行绘画。个别学生的态度比较消极，可以让学生在课堂上说明出现消极情绪的原因，并在课下单独谈心以了解具体情况，开导他，帮助他积极面对困难。

3. 情绪漂流瓶中，大部分学生描述的事件具有共通性，在课堂上呈现案例时，学生更容易共情。在转念练习环节，学生能够尝试从不同的角度看待消极情绪事件，这为他们今后在实际生活中面对类似事件时，提供了新的处理方式，并且使得转念这一方法得到了巩固、强化。

» 广东省深圳市龙岗区康乐学校　朱晓君

生 活 篇

8. 我是劳动小能手
—— 劳动最快乐主题班会

[班会背景]

"童孙未解供耕织，也傍桑阴学种瓜。"热爱劳动是中华民族的传统美德。现在很多学生劳动意识淡薄，劳动能力较差。以我所执教的二（7）班为例，通过班级问卷调查，我发现学生在家中劳动实践的机会较少，多由父母或祖辈一手包办家务，导致学生自理能力较差，个别学生甚至连鞋带都不会系。而在学校劳动过程中，最典型的表现就是学生在老师的带动下，劳动兴致高涨，争抢着扫地、拖地，但老师一离开或不指挥，值日生们就虎头蛇尾、各干各的。由此可见，学生没有掌握劳动方法与技能，还未养成良好的劳动习惯，"自己的事情自己做"的责任意识与关爱他人、为身边人分担的服务意识比较淡薄。

因此，开展一堂劳动主题班会，帮助学生习得劳动方法，锻炼动手能力，培养良好的劳动品质和劳动习惯，树立正确的劳动观，让学生在自觉劳动和服务班级的过程中，收获劳动的乐趣，感知劳动的意义，是十分必要的。

[班会目标]

1. 知识与认知目标：在情境中激发学生对劳动的热爱，发现自身劳动中存在的问题，增强责任意识。

2. 方法与能力目标：通过观看视频、讨论妙招和整理大赛等丰富有趣的活动，掌握清死角、会分类和巧美化等劳动方法，提升劳动技能；通过唱劳动歌深化"劳动最光荣"的观念，在生活中自觉践行劳动。

3. 情感与态度目标：学习方志敏的故事，谈感悟，培养热爱劳动、崇尚劳动的情感，体会劳动的意义和快乐，继承和发扬爱劳动的传统美德。

[课前准备]

学生准备便利贴。

教师准备教学课件、音频和视频材料、小黑板及贴画。

[班会过程]

一、劳动委员要辞职，"劳动秘籍"来救急

师：同学们，前两天老师收到劳动委员小曾的一封辞职信，这是怎么回事呢？我们来了解一下吧！（出示书信）

师：如果你是小曾，是不是也会递上这样一封辞职信呢？可是，同学们，教室的干净、整洁离不开你们每位的辛勤劳动！我们班将开展"劳动勋章"争章活动。那么，怎样获得"劳动勋章"呢？老师带来了一本"劳动秘籍"，它可以帮助大家成为"劳动小能手"。

【设计意图】从班级的实际问题出发，创设情境，引发学生对劳动的思考和重视。接着，以争章形式鼓励学生劳动，并出示"劳动秘籍"，激发学生的劳动兴趣。

二、三招技能学到手，用心劳动更美好

1. 清死角

师：劳动委员在辞职信里说，有的同学扫地时留下许多垃圾。老师想，

是不是这些同学不懂得清理死角呢？所以，老师带来"劳动秘籍"的第一招——清死角。什么叫"死角"？

生1：就是很难被发现，但是有很多垃圾的地方。

生2：有很多垃圾、很多灰尘的小角落。

师：不错，那你们知道我们教室里有哪些"卫生死角"吗？

（学生自由发言）

师：那么，我们该如何清除"卫生死角"呢？老师在黑板上列举了几个你们刚刚说的最容易形成"卫生死角"的地方。谁来说说该怎么清除这些死角？

（学生汇报，老师相机汇总学生的妙招，写在黑板上，并奖励学生"劳动勋章"，如表1所示）

表1　清理"卫生死角"妙招

位置	妙招
垃圾桶旁	先把垃圾桶挪开，再清扫垃圾桶旁的垃圾
抽屉里	把湿抹布拧成尖尖的角，伸进抽屉里擦拭
窗户槽	用电风扇吹走窗户槽里的碎屑
黑板槽	把湿抹布套在手指头上擦拭黑板槽

师：同学们，有些死角还真不好清理呢？比如，墙上的双面胶和地上的口香糖，需要一定的智慧和方法。（出示两段视频，演示方法）

【设计意图】发挥学生的主体作用，总结出教室的四大死角区域和清死角的妙招，再辅以视频，让学生懂得可以使用技巧来解决劳动过程中遇到的问题，提高学生对劳动的认识和劳动技能。

2. 会分类

①方法指导。

师：那么"劳动秘籍"的第二招是什么呢？那就是——会分类。先来

看这两张图片，这是哪儿？谁来说说你现在的心情？（出示班级图书角与卫生角的图片）

生：感觉乱糟糟的，卫生角的劳动工具很乱，书也摆得不整齐。

师：那你有什么方法摆好吗？先说书架上的书。

生1：分类放书，一样大小的书放在一起。

生2：也可以按类型摆放，百科类书放一起，故事类书放一起。

师：同学们真有办法！那怎么把劳动工具摆放整齐呢？

生1：也是分类放，同一种工具放一起。

生2：抹布不能放在桶子上，要挂起来晾干，不然会有细菌。

师：是啊！分类放才能放整齐。现在，老师要请两位劳动小能手分别来整理咱们班级的卫生角和图书角。其他同学瞧瞧，他们到底是怎么做的呢？

（两位学生在大家的提示和帮助下，现场整理好卫生角和图书角，老师拍下照片以示嘉奖）

师：看看，多整齐啊！老师根据大家的建议总结出了两句小口诀，大家一起读一读：

搭档组合放，抹布高高挂，高矮摆整齐。

同样大小放一起，正反千万别弄错，最后记住理一理。

②游戏巩固。

师：刚才两位同学为我们做了很好的示范，大家都学会分类小妙招了吗？现在，我们就大显身手，来进行一场"整理大赛"吧！请把你们书包里的书和本子全部拿出来，在桌上打乱，看谁整理得又快又好，完成了就举手。前五名同学可以获得"劳动勋章"。

【设计意图】以班级图书角和卫生角的图片引入，集思广益，提炼出"会分类"小口诀，并让学生将所学技能有效迁移，用"劳动勋章"加以激励，调动学生课堂参与的积极性，帮助学生在活动中掌握劳动技能，感受劳动的乐趣。

3. 巧美化

师：同学们，前面我们学习了"清死角"和"会分类"这两个小妙招，我想大家可以很好地完成打扫任务了，但有些地方是很难清理，甚至清理不掉的。这个时候我们该怎么办呢？

（学生陷入思考）

师：老师再告诉大家一个小妙招——巧美化。清理不掉，我们就美化它。我们可以用漂亮的图案来美化，让它成为教室里一道亮丽的风景线。比如，我们可以美化这块小黑板。（出示有污渍的小黑板，请学生选取贴画来美化）

4. 课堂小结，强调用心

师：同学们，咱们光靠这三招就一定能打扫干净吗？最重要的是什么呢？

生1：是用心。

生2：是认真。

师：是啊！我们除了掌握打扫卫生的方法，更需要认真和用心的态度。这才是"劳动秘籍"里最难掌握的一项无敌厉害的技能！瞧，这块普普通通的小黑板经过你们用心美化之后，焕然一新了！要是你用一双巧手去美化校园、教室或是家中的一角，你的心情是不是也会很快乐、很美好呢？这就是劳动的快乐和意义啊！

【设计意图】引导学生明白用心才是最重要的"劳动秘籍"，从而真正地体会到劳动的意义和快乐。

三、劳动故事传美德，对比讨论变思想

师：同学们，热爱劳动是我们中华民族的传统美德，许多革命英雄也

是从小就养成了良好的劳动习惯。咱们江西的革命家方志敏就是其中一位，我们一起来听一听他的故事吧！（播放音频）

师：同学们，对比方志敏和他同学的言行，你更喜欢谁？为什么？同桌互相交流，然后告诉大家你的答案。

生1：我更喜欢方志敏，因为他不但从不乱扔垃圾，还主动清理同学丢的垃圾，是个生活自律、热爱劳动的人。

生2：我更喜欢方志敏，因为他总是牺牲自己的休息时间，主动帮助工友打扫卫生，懂得关爱他人。

生3：我更喜欢方志敏，因为他自己能做的事情，都会自己做好，从不给别人添麻烦。

师：同学们说得真好！那么，我们在打扫教室卫生的时候，该怎么做呢？

生1：自己的事情自己做好，不会或者做不好的事情，我就用上小妙招，慢慢做好。

生2：把教室当作自己的家，打扫得干干净净的，这样，谁来到我们班都会有好心情。

生3：轮到自己值日时，尽到自己的责任，不能逃跑，逃跑是不对的。我想对劳动委员说对不起，我以前做得不对，以后我不会这样了！

师：同学们有感而发，说得真好！大家如果能像方志敏同志那样，热爱劳动，懂得关爱他人，做自己力所能及的事，我们的教室环境就会越来越好，劳动委员小曾的工作也就会轻松很多！

师：大家的表现太好了！老师奖励大家听一首歌曲《劳动最光荣》，会唱的同学一起唱哦！

教师小结："一屋不扫，何以扫天下"，希望大家从现在起，养成良好的劳动习惯，热爱劳动，争做劳动小能手！

【设计意图】学习方志敏的故事，发挥榜样的力量，增强学生的劳动观念和责任意识，激发学生对劳动的热爱，使其树立正确的人生观和价值观。

四、对照手册做家务，争当劳动小能手

师：课后，请同学们对照劳动手册（如表2所示），每天做一件家务事，可以的话，把自己的劳动事迹拍成小视频，争当劳动小能手。

表2　劳动手册

劳动项目	自我评价		
起床后叠好被子	A.棒棒哒	B.还不错	C.要加油
饭后收碗筷抹餐桌	A.棒棒哒	B.还不错	C.要加油
帮忙倒掉餐厨垃圾	A.棒棒哒	B.还不错	C.要加油
定期整理自己的卧室	A.棒棒哒	B.还不错	C.要加油
用过的物品及时归位	A.棒棒哒	B.还不错	C.要加油
扫地	A.棒棒哒	B.还不错	C.要加油
拖地	A.棒棒哒	B.还不错	C.要加油
洗碗	A.棒棒哒	B.还不错	C.要加油

[课后延伸]

每周一在班会课上，隆重表扬在学校与家里劳动方面做得好、有进步的同学。播放学生自己拍摄的劳动事迹小视频，将其作为榜样，激励那些劳动积极性还不高的同学。21天后，举行"劳动小能手"颁奖仪式，为班级中劳动表现最好的前五名同学颁发奖状与有意义的纪念品。

[反思与总结]

1.本节班会课，立足小学低年级学生的实际，以富有趣味的活动，通过创情境、学技能和听故事三大主线，层层递进，引导学生认识卫生死角，学会分类、美化，树立劳动意识，从而真正地体会到劳动的意义和快乐。

2.在传授三个劳动小妙招时，适时引导学生说、看、练、比，既充分调动学生课堂参与的积极性，又帮助学生在活动中掌握劳动技能，让学生的日常劳动实践真正落地。

3.学生从劳动故事中感受到榜样的力量，反思自己平时劳动中的不足。"劳动最光荣"，也就不再是停留在表层的口号，而是转化为学生内心的一种潜意识。在之后的班级卫生打扫中，有的学生把黑板槽清理得干干净净；有的学生把家中好用的劳动工具带到教室给大家一起用；有的值日小组分工合作、互帮互助，在整个打扫过程中有商有量、其乐融融。

4.本节班会课聚焦打扫卫生这一校园劳动。事实上，劳动的种类、形式还有很多。特别为学生设计了家务方面的"劳动手册"，辅以激励措施，以保持学生的劳动积极性，使其养成良好的劳动习惯。此外，班主任还要不断学习，结合学段特点与实际班情，开发系列劳动教育班会课。通过多种主题、多种形式的劳动教育，深化学生对劳动的认识，真正培养出懂得为亲友分担、为大家服务的劳动小能手。

》江西省南昌师范附属实验小学红谷滩分校　黄巧云　翁梦园

9. 梦想飞船发射啦！
——点亮中国梦主题班会

[班会背景]

　　小学低年级学生普遍存在学习效率低，学习主动性差等问题。因此，对学生进行有效的理想信念教育，引导其从小树立远大的人生理想，形成崇高的价值追求，热爱祖国，关心祖国未来的发展，就显得尤为重要。

　　皮亚杰的道德发展阶段理论将儿童道德发展分为四个阶段，小学低年级学生正处于他律阶段。这一阶段的儿童表现出对外在权威绝对的尊重与服从，他们的道德判断受到外部的价值标准的支配和制约。这时要在成人的引导和规则的约束之下，培养儿童良好的道德认知、道德情感和道德行为。

　　近年来我国航天事业飞速发展，航天事业走向大众视野。本节班会课希望在教师的引导下，通过学习航天人的追梦精神，让学生踏上自己的逐梦路，用航天梦点亮学生的中国梦，从而进行爱国主义教育。

[班会目标]

　　1. 知识与认知目标：帮助学生了解什么是中国梦，进而认识到个人梦与中国梦之间的关系，懂得圆梦中国从"我"做起。

　　2. 方法与能力目标：通过展示航天追梦人王亚平的追梦历程，引导学生自主发现实现梦想的方法，然后运用方法逐渐接近自己的梦想，最终实现梦想。

　　3. 情感与态度目标：通过故事分享，让学生感受到中国航天事业的蓬勃发展，见证中国力量，增强民族自豪感。引导学生从小树立远大理想，将个人理想融入伟大的中国梦中，进一步激发学生的爱国热情。

[课前准备]

1. 准备课件、"梦想卡片"、锦囊。

2. 带领学生一起读《太空一日》。

3. 课前每个家庭召开一次家庭会议，主题为"我的梦想"。父母与孩子说一说自己的梦想，是否圆梦成功，在追梦的路上自己是如何做的。随后孩子与父母分享自己的梦想，一起探讨要想实现梦想，需要深入学习哪些方面的内容。听一听父母的建议，看看他们可以提供哪些帮助和支持。

[班会过程]

一、我们都是追梦人

师：同学们，我们先来做个游戏，看图片猜一猜这些动画角色的梦想。

师：小河狸的梦想是——

生：成为航海家，征服大海。

师：熊二的梦想是——

生：成为狗熊岭的厨师，享受美食。

师：光头强的梦想是——

生：成为伟大的伐木工。

师：天才威的梦想是——

生：成为世界第一的发明家。

师：原来动画片《熊出没》里的角色也有自己的梦想。下面轮到你们了，你们的梦想是什么？

生 1：我的梦想是——当一名画家，画出很多漂亮的图画。

生 2：我的梦想是——当一名钢琴家。我现在正在学习钢琴，我喜欢弹琴。

生3：我的梦想是——当一名书法家。大家都夸我写的字很好看。

师：我的心中也有梦想。我的梦想是成为一名受学生喜爱的优秀班主任。每个人的心中都有梦，我们都是追梦人。在我们的国家有这样一群人，他们为中国的航天事业不懈奋斗，浩瀚的星空是他们的梦，他们就是中国航天追梦人。接下来就让我们走近其中一位航天员，看她是如何圆梦太空的。

【设计意图】以游戏导入，快速调动课堂气氛，通过分享各自的梦想，激发学生实现梦想的渴望。

二、送给追梦人的锦囊妙计

师：同学们，我们先通过一个小视频认识一下今天的追梦人——航天员王亚平。

（播放相关视频）

1. 敢于想象，开启梦想

师：同学们，她是——中国第一位太空女教师，中国第一位进入空间站的女航天员，中国第一位出舱的女航天员，中国第一位在轨超过100天的女航天员。和我们一样，王亚平阿姨的心中一直都有一个梦想，你们能猜猜是什么样的梦想吗？

生：一定是飞上太空。

师：是的，她的心中一直有一个"飞天梦"。这个梦想是什么时候在她心中萌发的呢？这个梦想是从"神舟五号"开始的。2003年10月15日，"神舟五号"载人飞船将杨利伟送入太空，标志着中国成为世界上第三个掌握载人航天技术的国家。当她看到"神舟五号"升天时，成为航天员的梦想种子就埋在了她的心中。

（播放相关视频）

师：同学们，每个人都需要梦想，有了梦想，我们就会像王亚平阿姨一样，有成功的一天。今天王亚平阿姨给我们带来了四个能够帮助我们实现梦想的锦囊妙计。请每个小组打开第一个锦囊，看看里面装的是什么。

生：一张贴纸，上面写着"敢于想象，开启梦想"。

师：原来这就是王亚平阿姨送给我们的第一个锦囊妙计。请你把贴纸粘贴到"梦想卡片"的相应位置。同学们，实现梦想的第一步就是有梦想。是什么样的梦想扎根在你心中？你的梦想又因何而生？请你把它们写在自己的梦想飞船上。

生1：我的梦想是当一名警察。当我从电视上看到警察抓坏人时，我觉得警察太厉害了。

生2：刚才看了视频，我觉得太有意思了！人在太空中是飘起来的，就像小鸟一样会飞，好神奇呀！我也想当一名航天员，也要飞上太空。

师：同学们，你们每个人都有着五彩斑斓的梦想，都是心中有梦的少年。有梦想，是实现梦想的第一步，但是光有想法可不行，还要落实到行动上。我们来看看王亚平阿姨在追梦的路上是怎样做的，她又会给我们带来哪些好的方法。

2.不断学习，走近梦想

师：同学们，你们认为航天员最难的是什么？

生：在太空中人是飘起来的，所以我想最难的是怎样适应太空中的生活。

师：王亚平阿姨参加航天员的选拔体检期间，遇到了中国进入太空的第一人——杨利伟，于是她问杨利伟叔叔："当航天员最难的是什么？"杨利伟就说了两个字"学习"。

（播放相关视频）

师：在成为航天员的第一年里王亚平阿姨几乎没有走出过航天城的大门，每天都在学习。而且每个周五，她都会提前做出下周的课表，从周一开始，每天都按照课表上的内容进行训练和学习。看过视频后，有什么是你意想不到的？

生1：真是没想到，航天员也要学习，而且学习30多门课。我们现在只有9门课，有时都觉得任务很多。

生2：我以为长成大人就不用学习了。我看到王亚平阿姨学习很刻苦，要学习到深夜。虽然她是大人了，但比我们学习还要努力。

师：王亚平阿姨为了实现自己的飞天梦一直在勤奋刻苦地学习着。观看了刚才的视频，你认为实现梦想的第二步是什么呢？

生3：应该是刻苦学习。

生4：是勤奋努力。

师：请你打开第二个锦囊，你们猜中了吗？请将锦囊中的贴纸粘贴到"梦想卡片"的相应位置。无论我们有着什么样的梦想，始终要坚持不懈地学习。课前我们每个家庭都围绕着梦想开了一次家庭会议。在和父母商讨后，你想实现自己的梦想，要不断学习哪些内容？朝着哪些方面去努力？请你写在"梦想卡片"上。

生5：我想成为一名篮球运动员。爸爸说可以先学习运球，再练习投篮、三步上篮。

生6：我想成为一名律师。爸爸妈妈说那就要好好学习，考上好大学，所以我要不断努力学习各科知识。

师：同学们，所有领域的佼佼者都离不开学习，不断学习是我们实现梦想的第二步。接下来，让我们跟随王亚平阿姨继续追梦。

3. 坚持不懈，成就梦想

师：同学们，航天员在飞上太空之前，除了学习，还要接受很多严苛的训练。其中一项是转椅训练。（播放视频）航天员坐在椅子上，转速达每圈2秒，普通人坚持一分钟都很难，他们却要坚持15分钟才达标，相当于一次性要转450多圈。接下来咱们也体验一下这项训练吧！想参加挑战的同学请起立，我说"开始"大家就原地转圈，快坚持不住时要及时停下来。一边转一边数，看看自己最多转了多少圈。

生：不行了，老师，太晕了，我只转了10圈。

师：通过小小的体验，我们对航天员训练的艰辛略有体会，但这并不是最难的考验。

（播放王亚平讲述自己接受超重耐力训练的视频）

师：同学们，我现在请小林站到讲台上，老师再找8个和他体重相差不大的同学站到另一侧。你把自己想象成小林，试想这8个同学压在自己身上是什么感觉。

生：太重了！以前我和一个同学在操场上撞在了一起，然后他就趴到了我身上，当时我都感觉好重啊！如果有8个体重和自己差不多的人压在身上，我肯定受不了。

师：航天员在接受这项训练时，左手边就有一个红色按钮，按下这个按钮，随时可以停止离心机。你们猜，王亚平阿姨是否按下过这个按钮？

生：我猜按下过，视频中说这是最具挑战的项目，在训练过程中她会流泪，所以我想她一定按下过。

生：我猜她会克服困难，坚持下来。

师：在这么多年的训练过程中，我们所有的航天员没有一个人碰过这个按钮。他们热爱祖国，热爱航天事业，因为热爱所以坚持。看来，一颗永不放弃的心比钻石还珍贵。看过王亚平阿姨的训练经历，你觉得实现梦想的第三步是什么呢？

生1：是坚持训练。

生2：我觉得是遇到困难不放弃。

师：请你们打开第三个锦囊看一看，然后把贴纸粘贴到你的"梦想卡片"上。同学们，我们在追梦的路上会遇到各种困难，再坚持一下，也许下一秒就是奇迹。请你想一想，在追梦的路上，你会遇到哪些困难？遇到困难后你打算怎样做？

生：我想成为一名作家，但我写出来的文章可能没有人喜欢。我是不会放弃的，我想对自己说："你最棒！坚持下去就会成功！"

师：同学们，只有坚持不懈地努力，才会成就自己的梦想。这是实现梦想的第三步。

4. 梦想变目标，实现有方向

师：要想实现梦想，我们还差最后一步。第四个锦囊里是什么？需要我们来一场头脑风暴。首先我们来思考这样一个问题：你们觉得王亚平阿姨是一下子就实现了自己的梦想吗？

生：不是的。她学习了很多课程，参加了很多训练。

师：其实每个人的梦想都不是一下子就能实现的，想做成一件事需要慢慢来。我们可以把梦想变为一个个小目标，每完成一个小目标，我们就离梦想近了一步。如果我们把王亚平阿姨的"飞天梦"拆解成一个个小目标，这些小目标都是什么呢？

生1：我认为是上好每一门课。

生2：我认为是在每次的离心机训练中都坚持下来。

生3：还有成功完成每次转椅训练。

师：是呀，小目标成就大梦想。刚才我们说实现梦想的第二步是不断学习，现在我们就把需要学习的内容拆解成一个个能够实现的小目标（1—3个），这样我们就能找到实现梦想的方向。

生4：我想当医生，妈妈说当医生可不能马马虎虎的，所以我的小目标就是改掉马虎的毛病，妈妈和我说先从认真读题开始。

生5：我想当一名足球运动员，我的小目标是每天颠球30个。

师：同学们，只要把眼前的事做好，完成一个个小目标，一步一个脚印，梦想总有一天会实现。你们认为第四个锦囊里装的是什么呢？

生：实现梦想从完成小目标开始。

师：赶快拆开最后一个锦囊看看吧！然后把它粘贴到"梦想卡片"的相应位置。

我的梦想飞船

敢于想象，开启梦想。

我的梦想：＿＿＿＿＿＿＿＿＿＿＿

梦想因何而生：_____

不断学习，走近梦想。

需要努力的方面：_____

坚持不懈，成就梦想。

会遇到哪些困难：_____

写下一句鼓励自己的话：_____

梦想变目标，实现有方向。

我的小目标：_____

师：同学们，梦想并不遥远，梦想是由一个个小目标组成的，在追梦的过程中，只要我们坚持学习，遇到困难不放弃，就一定可以实现梦想。王亚平阿姨说："梦想就像宇宙中的星辰，看似遥不可及，但是只要你努力，就一定能触摸到。"四个锦囊妙计到手了，我们的梦想飞船就可以发射到梦想的天空了，但是在梦想的天空里不只有我们的梦。

【设计意图】在分享航天追梦人王亚平的圆梦历程中，让学生自主剖析他人实现梦想的具体方法，将方法迁移运用到自己的逐梦征程中，为学生实现梦想提供具体的实施路径。同时让学生将梦想写下来，感受迈向梦想的每一步。

三、圆梦中国，从我做起

师：同学们，你们知道吗？你们有梦，我们的祖国也有梦，它叫中国梦。中国梦的本质是国家富强、民族振兴、人民幸福，是人民的梦，大家的梦。王亚平阿姨的"飞天梦"既是她的梦，也是中国梦。遨游宇宙、飞向太空一直是中华民族的梦想。嫦娥奔月的美丽神话寄托着华夏子孙的飞天梦想。下面中国飞天第一人杨利伟叔叔将为我们讲述中国航天事业的光辉历程。（播放视频）

师：王亚平阿姨曾说，在火箭发射的那一刻，她的脑海里只有六个字——责任、使命、圆梦。她把个人的梦想融入国家的梦想，这是一种责任，一种担当。她不仅是在为自己圆梦，更是在为祖国圆梦。她对着五星红旗庄严宣誓，身穿航天服为祖国出征太空，这是一份光荣的使命。同学们，中国梦是我们每个人的梦，我们每个人的梦编织在一起就是中国梦。我的梦想是成为一名受学生喜爱的优秀班主任，这是我的梦，也是中国梦。王亚平阿姨的梦想是飞向太空，这是她的梦，也是中国梦。你能像我这样说一说吗？

生：我的梦想是成为一名著名的篮球运动员，这是我的梦，也是中国梦。

生：我的梦想是成为一名教师，这是我的梦，也是中国梦。

生：我的梦想是成为一名飞行员，这是我的梦，也是中国梦。

（教师板书学生的梦想）

师：同学们，你们看，你的梦，我的梦，大家的梦在一起就是中国梦。只要我们每个人都朝着自己的梦想去努力，实现自己的梦想，伟大的中国梦一定会实现。请你们把这六个字记在心间——责任、使命、圆梦。把自己的梦想融入中国梦，这是我们的责任，更是我们的使命，要用智慧和汗水努力实现自己的梦想，自己的梦想实现了，中国梦就实现了。接下来，请把"梦想卡片"放入信封中，王亚平阿姨用十年时间实现了自己的梦想，十年后的你们会圆梦成功吗？请你们把"梦想卡片"保管好，在接下来的时间里，为了自己的梦想，为了祖国的梦想努力吧！用努力开启我们的圆梦计划。

【设计意图】在学生对中国梦有了初步了解的基础上，引发学生思考个人梦与中国梦之间的关系。在交流互动中，学生认识到要将个人的梦想融入伟大的中国梦中，懂得圆梦中国，从我做起，由此激发学生的爱国情怀，引导学生用实际行动书写对祖国的热爱。

[课后延伸]

　　科学研究告诉我们，一个行动，如果能坚持21天以上，就能形成一种习惯。班会课后，在班级中开展"神奇的 21 天——朝着梦想不停奔跑"的活动，学生选取"梦想飞船"上的任意一个小目标，在父母的陪伴与鼓励下坚持在小程序上打卡。满 21 天后，为学生颁发"梦想勋章"。

[反思与总结]

梦想如同一颗种子深深地埋在孩子的心中，但孩子的认知水平有限，因此，更多时候，孩子的梦想仅仅是一个想法，往往不知道如何实现。本节班会课通过展现航天追梦人王亚平的心路历程，给学生敢于梦想的勇气与实现梦想的信念和方法，激励学生为实现自己的梦想做出规划。梦想给学生带去了方向、动力，让每个孩子梦想成为自己最好的模样。在班会课的最后，教师引导学生将个人梦与中国梦相结合，激发学生的社会责任感与爱国热情。少年强则国强，少年敢于梦想并为之奋斗不已，中华民族复兴的伟大梦想就一定能够更快实现。

》北京市昌平区燕丹学校　王玉新

中年级

（三、四年级）

交 往 篇

1. 外号，别成了"歪号"
——换位思考主题班会

[班会背景]

对小学三年级学生而言，积极评价能让他们发现自身的价值，产生兴奋感、自豪感，对自己充满信心。反之，则可能让他们对自己失去信心。

小学生喜欢取外号，既有好的外号，也有不良外号。好的外号充满善意，不但能放大该同学的优点、闪光点，还能起到引领作用，激励周围同学向他学习，正所谓"见贤思齐焉"。而不良外号有时暗含恶意与嘲弄，更严重的带有侮辱性质，不仅会破坏学生之间的和谐关系，还会影响整个班风、班貌。如果外号变成了"歪号"，就是一种语言霸凌行为。

面对小学生人际交往的困扰，身为班主任，我们应及时引导学生换位思考，拨外号之乱象，树班风正气，指引学生正确认识自我与他人，让人际交往中的善意与雅趣如一缕清风掠过学生心灵的原野。

[班会目标]

1. 知识与认知目标：引导学生在活动中认识到取外号的行为可能会给他人造成困扰，辨析美好雅号与恶意外号的区别，学会反思自己的言行。

2. 方法与能力目标：帮助学生找到正确面对同伴给自己取外号的方法，如寻求老师帮助、向家长倾诉，换位思考、调整心态，抵制恶意外号等。

3. 情感与态度目标：体会同伴受外号困扰的低落心情，换一种方式，通过赠送雅号书签弥合学生之间的情感裂痕，也体验到友善交往带来的愉悦感、幸福感。

[课前准备]

1. 与个别学生沟通，请他们与家长合作拍摄一个小短片《我不想有外号》。

2. 下载《老师请回答》节目中小朋友被取外号的访谈视频。

3. 将桌椅摆成 U 形，为辩论环节做准备。

4. 准备一些可书写的雅致书签。

[班会过程]

一、小小短剧，聚焦"外号"

师：昨天，心心同学放学回家后闷闷不乐的，发生了什么事呢？让我们跟随镜头去看看吧。（播放小短片《我不想有外号》）

内容如下：

妈妈：心心，怎么了？有什么不开心的事吗？

心心：（难过）我今天早上到教室交作业动作慢了一点儿，同学们就叫我"小乌龟"。我又不是每天都晚交，他们为什么要笑话我，给我取外号啊？

妈妈：（急忙安慰）妈妈理解你的心情，但是，遇到了不开心的事情，光生闷气可解决不了问题。我们跟老师和同学说说，一起来想想办法吧……

师：我们再来看一段小视频。（播放《老师请回答》节目中小朋友被取外号的访谈视频）同学们，看了这两段视频，我们发现不少孩子都受到了外号的困扰。请你想一想，在咱们班有没有乱取外号的现象呢？你有外号吗？

生1：我被同学取了外号。我姓胡，大家都叫我"胡萝卜"。

生2：我皮肤黑，有同学喊我"包黑炭"。皮肤黑有错吗？女大十八变呢！

生3：我前段时间乳牙掉了，同学们都叫我"缺牙齿"。不过我不生气，我觉得挺好玩的。

【设计意图】两段视频，一段反映班级真实情况，一段体现儿童成长苦恼，以"外号"这一焦点话题打开学生的心门，为后面的辩论环节做铺垫，让学生有话想说。

二、你辩我论，明晰好坏

师：看来很多同学都有外号，而且感受也不一样。有的人喜欢自己的外号，有的人则对外号感到很恼火。那么，给别人取外号这种行为是对还是错？咱们来场微型辩论赛吧。

（学生根据自己的观点自由分组，正方观点为"取外号对"，反方观点为"取外号不对"。自由分组结果：正方人数少于反方人数。）

师：显然，更多的同学认为给别人取外号是不对的。那请大家敞开心扉，说说自己的观点吧。

正方1：我认为取外号很好玩，有不少乐趣呢！

反方1：好玩？给别人取外号，你觉得好玩？可是在别人眼里它却是很不礼貌、很不友好的行为。

正方2：我们取的外号大多是文明友好的外号啊！比如，学习特别厉害的人，我们送他"学霸"的美称；跑步厉害的同学，我们就叫他"飞毛腿"。

反方2：你认为的文明外号，对方听了不一定会接受啊！我就不喜欢别人叫我"学霸"。俗话说，学无止境，这个外号无形中给了我很大压力。

要是哪天我学习退步了一点儿，你们大概就会笑话我："瞧瞧，那个学霸变学渣了！"请你们别叫我"学霸"了！（现场如果学生出现情绪激动的情况，老师应及时察觉并走到学生身边进行安抚）

正方3：没有恶意的外号不仅很好玩，还可以让同学关系变得更亲近。

反方3：我坚持认为，不能把快乐建立在别人的痛苦之上，给别人取外号，取悦的都是你自己。

正方4：不过，在我看来，外号有时取得对，有时取得错，要分不同的情况。取友好的、对方接受的外号就是对的，取嘲弄、伤害对方的外号就是不可取的。

教师小结：大家说的都有道理。给别人取外号，到底是对还是错，关键要看这个外号给别人带来的影响是好还是坏。你瞧，我们通常觉得"学霸"是一种美称，有激励的作用，但也有人认为"学霸"这个外号是一种负担。所以，我们不能图一时嘴快，还要懂得换位思考，多考虑对方的感受。

【设计意图】任何一个硬币都有两面，外号也有它的正反两面。对有争议性的话题，教师一味说教不但效果不理想，有时还会起反作用，倒不如给学生一个直抒胸臆的辩论场，让他们的观点碰撞。如此，教师也能从中寻见端倪加以引导，进而给取外号一个正确导向。

三、换位思考，直击现场

师：同学们，让我们回想刚才辩论场上这位同学的发言。如果你曾经被大家追捧着叫"学霸"，后来，你学习退步了一点儿，又因为这个外号被取笑，你会有何感想呢？

生1：确实心里不是滋味。

生2：会觉得心里很难受、很失落。

生3：别人的一句话就让我的心情像过山车一样跌落谷底。

师：（随机采访学生）你叫别人外号时，你注意到对方的表情了吗？

你从对方的表情里感受到了什么呢？你猜，他心里会想些什么？

（生答略）

师：同学们，小小的外号，有时候会酿成大祸呢！千万不要小看它。来，看一看这个真实的故事。（出示因取外号引发悲剧的新闻）

【设计意图】抓住辩论现场学生典型的反应，通过提问与采访，引导学生换位思考。之后，再出示相关新闻事件，引发学生深入思考恶意外号可能给同伴带来的不良影响。

四、外号不"歪"，引出雅号

师：恶意给别人取外号是不友善的行为。面对恶意外号，你会怎么做呢？下面，先小组讨论，然后每组请一位代表来发言。

A组代表：有同学给我取恶意外号的话，我会回家跟爸爸妈妈说这事。

B组同学：别人给我取恶意外号的话，我会很生气，立即去找老师告状。

C组同学：如果是我的话，我会直接跟他说："我不喜欢你给我取的这个外号，你能不能取个有点儿水平的外号呀？"

…………

师：你们的发言真精彩！说的也都对！如果能把你们说的这些编成一首简短一点儿、朗朗上口的打油诗，既能帮助咱们班的心心同学，又能给更多的同学正面评价，岂不是一举两得？老师刚想好了这首打油诗的题目，就叫——外号不"歪"。我先起个头，第一句就写（沉思几秒后再说出）——"恶意外号我说'不'！"谁来接着往下编？

（师生接龙编打油诗《外号不"歪"》后，再请几位学生以"迷你快板"的形式展示成果）

恶意外号我说"不"！及时寻求老师帮助。

也可说给家人听，赶跑情绪小怪兽。

如果你要取外号，那就取个好听的。

（师生齐诵打油诗）

五、赠送雅号，传递友善

师：好听的外号就叫——雅号！古今中外，你知道哪些雅号？

生1：李白被后人称为"诗仙"。

生2：《水浒传》中的吴用精通天文地理，人称"智多星"。

生3：袁隆平爷爷是"杂交水稻之父"。

…………

师：传递友善的雅号，人们不但不反对，还很欢迎呢！我们来看一场经典的比赛，咱们也来取一取雅号。（播放刘翔2004年夺冠视频）

生1：世界飞人。

生2：跨栏王者。

生3：真心英雄。

…………

教师小结：取充满善意的雅号，能够增进同学之间的友谊，更能传播正能量。现在，咱们动手做一枚雅号书签，把这枚书签送给你最想送的同学吧！

（学生现场制作雅号书签，赠送书签时，说明为同学取这个雅号的理由，并用一句话祝福同学。老师为其拍照留念。）

【设计意图】明晰了外号的正反两面后，集思广益编写打油诗，通过快板的方式展示成果，让更多学生明白面对恶意外号这样的语言霸凌时可以怎么做。同时，通过制作、赠送雅号书签，让学生领悟美好外号的积极意义。

[课后延伸]

在教室作品墙上，展示学生制作的精美雅号书签。以后，每个月利用班会课进行一次班级雅号评选活动。请"雅号小星探"为"雅号获得者"宣读一段颁奖词，并颁发奖品。"雅号小星探"也将被大力表扬，以此鼓励同学们发现彼此身上的闪光点，多关注身边人美好的言行举止。

[反思与总结]

1. 小短片由本班同学出演的话，教师可能担心该同学会有心理负担或是引发家长对同学间交往的担忧。所以，可以提前说明拍摄短片的意义与用处，也可以私下了解学生的苦恼以后，请学生编写短片剧本，邀请隔壁班同学出演。

2. 微型辩论赛的形式是可取的，以此鼓励学生畅所欲言、大胆发声。这是一个非常重要的破冰环节，能够把班级问题直接暴露出来。因此，特别需要教师密切关注学生在这一过程中的情绪表现，要能够根据学生的发言进行有效引导与现场把控。教师既要有较强的亲和力，也要有较强的临场应变能力。

3. 出示的新闻事件是较为极端的个例，是为了引发学生深入思考恶意外号可能给同伴带来的不良影响，从而引导学生换位思考，唤醒学生友善的种子。因此，教师面对此类新闻事件，课堂语言与语气都应客观公正，就事论事，不可偏颇，切忌暗含影射。

4. 换位思考的出发点是体谅与友善。外号的另一面是雅称与尊重。集思广益编写打油诗，既可以疏导学生的负面情绪，又可以给学生提供应对方法。此外，赠送雅号书签，彼此表达祝福，有助于修复学生的心灵裂痕，增进同伴间的友谊。

>> 江西省南昌师范附属实验小学红谷滩分校　黄巧云

2. 一加一大于二
—— 互助与合作主题班会

[**班会背景**]

合作是指群体成员一起活动以实现共同目标的行为。这些目标通常是无法通过个人努力而实现的。在合作条件下，彼此之间表现为团结协作、亲密友好的关系。合作是这个时代的主旋律，学会合作是适应未来社会的核心素养。现在很多学生以自我为中心，不善于与他人合作。因此，培养小学生的合作意识、合作精神和合作能力非常必要。

升入中年级，学生不再是懵懂的小豆包了，更有自己的想法，更敢于表达自己的意见。在平时的观察中，我发现本班学生在合作中问题层出不穷。比如，因为有不同意见，组员间总是吵得不可开交，甚至导致合作终止；有的不能接受组长分配的任务，合作中互相埋怨。这些都是学生合作中出现的真实问题。本次班会课基于这些问题，旨在让学生体悟合作的重要性，学会合作的策略，提升合作能力，在合作中促进学生的社会性发展。

[**班会目标**]

1. 知识与认知目标：通过做游戏、听故事、开展活动，让学生感悟到合作的意义非凡。

2. 方法与能力目标：引导学生总结合作的策略，如"主动交流""取长补短""合理分工"和"团结协作"，从而促进学生更好地合作。

3. 情感与态度目标：引导学生树立主动合作的意识，愿意与他人合作。

[课前准备]

学生准备彩笔，收集相关故事，准备游戏。

班主任准备课件以及歌曲《世界需要热心肠》《众人划桨开大船》。

[班会过程]

一、激发疑问

师：（拿起讲台上的笔）你们谁能在不弯曲手指的情况下用最少的手指拿起讲台上的笔，我就把笔送给谁。

预设：学生自己把一支笔放到课桌上，用任意两个手指去拿，看结果怎样。

师：（因势利导）刚才你们在玩这个游戏的时候，有没有发现什么？你能体会到什么呢？

师：请你伸出食指，我们可以把它看作数字 1，刚才我们做了"1+1"的工作。在生活中，用"1"表示一种力量或某一个体，用加号表示合作，用"2"表示事情的一般结果。那么，两种力量、两个个体的合作，经常会使事情的结果超出预期。这就是我们常说的"1+1>2"。怎么样才能发挥合作的最大作用，让 1+1>2 呢？

【设计意图】用游戏导入，吸引学生的注意力，激发学生的兴趣，调动学生参与活动的积极性。在设计时，让趣味挑战的内容紧贴班会主题，从而激发学生的思维，自然地引入班会的主题。

二、"极限挑战"

1. 挑战自我

师：同学们，我们先来开展一个活动，叫"挑战自我"，想不想试试呀？请听清楚规则，我说"开始"再行动，用你最快的速度，老师会给全班计时。

现在用你的双手戴红领巾。做完的同学请坐直。计时开始。

2. 增加难度

师：（将全班同学所用时间写在黑板上）什么感觉？很快就完成了吧？下面增加难度。请听清楚规则，我说"开始"再行动，依然用你最快的速度。

现在只能用你的右手戴红领巾。做完的同学请坐直。计时开始。

师：（将全班同学所用时间写在黑板上）有什么感受？这次花的时间就长了吧？（相机提问）那么问题来了，为什么第一次用时比第二次用时要短很多呢？

（全班交流）

师：是呀，我们的左手、右手是一对最默契的合作者。通过合作，我们可以大大提高做事效率。

3. 继续挑战

师：怎么样？还想继续挑战吗？请听清规则，不能用你自己的任何一只手戴红领巾。做完的同学请坐直。挑战开始！

预设：①用自己的牙齿配合完成。②向他人求助，完全依赖他人，让他人帮忙完成。

师：既然不能用双手，我发现很多同学就向自己的牙齿求助；有的同学向同伴求助，用别人的手完成了挑战。我们静下心来想一想：哪个方法更胜一筹呢？为什么？

预设：合作时要学会主动交流。

【设计意图】抓住小学生活泼好动的特点，设置"极限挑战"活动专区，三个挑战层层深入，让学生认识到合作的重要性和必要性，激发学生参与活动的兴趣。

三、故事明理

1.听故事

（课件呈现一位盲人和一位腿有残疾的人互相帮助的故事）

师：听完了这个小故事，你一定有很多感想，谁愿意站起来说一说？

（生答略）

教师小结：每个人都有优点和缺点，要学会取人之长，补己之短，只要互相学习，互相配合，再大的困难我们也能够克服。

【设计意图】听故事是学生最喜欢的事情，短小的故事易于理解，却蕴含着深刻的道理，这样的小故事更容易让学生明白老师想要传递的中心意思。这个故事中两个人物的目标就是要一起向前走，经过商定取长补短，有力的双腿和明亮的双眼相结合，最终他们一起微笑前行。

2.生活实践

（课件呈现）

在一次实践课上，老师让小组比赛，看哪个小组能够在规定时间内完成拼插立体模型。比赛开始了，第一组并没有急于动手，组长说："我们先分配一下每个人的任务！"经过小组讨论，由平时做事细心的小红负责读图，由眼疾手快的小东负责找零件，由心灵手巧的小乐负责拼插，很快就拼出了模型。

与此同时，第二组拿到材料就马上开始拼插了。刚刚插了几块，小华大喊："别动，这个零件应该放在最下面。"小青也嚷嚷道："不对，应该在上面。你躲开，我来！"小新生气了："都别动，我是组长，让我来！"说着，大家一起把手伸向零件盒，还未拼好的模型一下子被碰倒了，零件散落一地。

师：如果在场，你最想加入哪个小组？为什么？面对散落一地的零件，这个小组的同学该如何做？

教师小结：在合作中，只有懂得发挥各自的长处，合理分工，才能事半功倍，取得一加一大于二的效果。

【设计意图】呈现真实情境，让学生感受合作的不易，意识到合作需要相互信赖、相互理解、相互支持，良好氛围是有效合作的重要条件。

四、头脑风暴

（游戏规则：以四人小组为单位参加游戏，各组准备好一盒彩笔和一张图形纸，纸上有8个图形。老师快速报一遍各图形的颜色，请大家用最快的速度把颜色涂好。涂好颜色后，请各组派代表把你们的作品贴到黑板上。）

师：赶紧讨论一下，如何参加游戏？

（游戏开始，教师报颜色，学生在配乐中完成团队合作）

师：哪个组涂好了颜色，就把图形纸张贴到黑板上。

师：我们一起来评一评，看哪个小组合作得最好，获得了成功。老师来采访一下成功的小组，能介绍一下你们的秘诀吗？

生：我们有明确的分工，还有就是大家一起涂色，团结起来力量大。

（给优胜小组颁奖，同时表扬合作最好的小组）

教师小结：在生活、学习中，我们都要相互帮忙，齐心协力，合作才能使得一加一大于二！用咱们学过的方法跟他人合作，就能让自己和他人都有更大收获。

【设计意图】有了上个环节的铺垫，学生在尝试分工合作时，会注意到组员的语言和情绪，但具体哪种沟通方式、哪种合作模式更合适只能学生自己在实践活动中去用心感受、总结。

[课后延伸]

为了巩固班会课的成效，需要引导学生进一步实践、学习。班主任可以在日常班级管理中有意识地对学生的合作意识、合作能力进行评价，在学习、活动中给予学生分组合作的机会，如课堂的固定学习小组、值日小组、板报策划小组、运动会筹备小组等，让学生在活动中实践，在磨合中成长，真正学会合作。

[反思与总结]

"体验、活动、实践"是本课设计的主要特点。本节班会课针对四年级学生的心理特点，开场选择了学生感兴趣又能体现合作重要性的游戏活动，调动了学生的积极性。学生在活动中体验，在体验后感悟，在感悟后运用，逐步理解了合作的重要性，学习了合作的方法等。

班会课的结束并不意味着学生能熟练运用合作方法，在后续的班级评比和活动中要持续关注。比如，不仅关注评比结果，还要将小组合作的过程纳入评比，定期评选出最会合作的小组等。

» 北京市朝阳区芳草地国际学校世纪小学　刘煜菁

3. 少年，今天你"美言"了吗？
——学会表达爱主题班会

[班会背景]

四年级伊始，许多家长反映孩子出现了经常顶撞父母的现象，变得不会"好好说话"了。科任老师和楼道巡视老师也反映班里的很多学生都出现了"出言不逊"的现象。随着"互怼"的交流方式出现，同学之间的关系也发生了微妙的变化。这到底是怎么了？

殊不知，四年级孩子的自主意识增强了，他们的思维形式也由具体向抽象过渡，所以在分析问题时开始确立自我的位置，在反复比较、衡量的过程中开始认识自己的行为与他人行为的关系。也正是在这个时候，孩子开始形成自我评价的意识，但这种自我评价在很大程度上还依赖于别人的评价，所以对四年级孩子来说欣赏和鼓励仍然是关键。

如果能以"看见"为前提，以积极语言为媒介，便会出现亲子之间相亲相爱、师生之间互敬互爱、同学之间团结有爱的温馨画面。正如心理学家威廉·詹姆斯所说，人性最深层的需要就是渴望得到别人的欣赏和赞美。欣赏也好，赞美也罢，用心理学专业术语来说，都是正强化的一种形式。而从心理学来看，强化物的选择至关重要，科学又好用的"美言录"就不失为好的强化物。"美言录"的表达方式也可称为"感受三段式"，包括好现象：描述你所看到的好行为，好感受：描述你此时此刻的感受，好行为：把值得鼓励的行为用具体的语言表达出来。

[班会目标]

1. 知识与认知目标：通过变身活动使学生认识到看见是表达爱的前提，

鼓励式语言会让爱在亲子、师生、同伴之间传递，让学生学会反思自身的表达方式。

2.方法与能力目标：引导学生更新观念，帮助他们寻找表达爱的方法。

3.情感与态度目标：让学生体验"美言录"的神奇之处。

[课前准备]

1.设计调查问卷，包括家长卷、教师卷、学生卷，统计调查数据，做好问卷分析。

2.提前下载并编辑《少年说》袁璟颐的视频和老师为鼓励学生发"最具期待小明星奖"的新闻视频。

3.请A同学提前拍摄一下家里的照片。

4.请学生家长、部分学科老师（了解班会内容后自愿）到场。

[班会过程]

一、变身小看官——感受看见的力量

1.观看《少年说》视频节选

（视频大致内容：一个叫袁璟颐的女生，不管她怎么努力，妈妈一直看不到。面对妈妈的打击，小姑娘眼神里充满无助、委屈和难过，她希望被肯定。看完视频，老师采访小看官，小看官各自点评）

师：看完这个短片你有什么感受？

生：我印象最深的是这个小女孩说的那句——"妈妈，你自己的孩子也很努力，你为什么不看一下？"真的太令人心酸了。

2.观看老师为鼓励学生发"最具期待小明星奖"的新闻视频

（播放相关新闻视频）

师：请问你有什么想点评的？

生：虽然男孩表现平平，但老师却坚信他可以变得更好。这样做既保护了这个同学的自尊心，又激发了他的上进心。所以，得奖后他坚定地向老师保证自己今后会变得更好。我相信他一定会特别努力。

3. 对比两个视频

师：对比两个视频，你有什么想说的？

生：我觉得大人应该看见孩子的努力和进步，多说鼓励的话，这样我们才有动力，被理解之后就可以好好沟通了。

【设计意图】通过观看视频，让学生透过小看官的身份感受"语言是有能量的，可以养人，亦能伤人"。通过采访小看官，让在场的家长、老师、同学也感受到只有看见他人的努力并用鼓励式语言表达，才会让爱在亲子、师生、同伴之间传递。

二、更新观念——体会三段式的巧妙

师：每个人都渴望被重视、被认可，当这种精神需求被满足时，人们往往就会充满自信与干劲儿。看来善于看见、会好好说话真是特别关键呀！那么到底有没有"说话攻略"呢？老师还真搜索了一下，确实有。现在我们进行情景模拟，以下三个关键步骤供你参考，请尝试着说一说。

🟣 情景

暑假期间，咱们班的 A 同学想邀请你去他家里做客。在这之前，他可是收拾了好一阵呢。看到这几张照片，你想说什么呢？

温馨提示：①描述你所看到的好行为。

生：我看到地板被扫过，床铺也整理了，书本整齐地放着。

温馨提示：②描述你此时此刻的感受。

生：我很高兴走进你的家。

温馨提示：③把值得鼓励的行为用具体的语言表达出来。

生：你把小书架放在书桌的左上角，笔筒紧挨着书，其他东西也有自己的位置，整个桌面井然有序。

中心思想：关注对方好的行为和努力过程中的细节，而不是结果。

教师小结：有一项心理学的研究表明，人的行为是可以通过语言来暗示的，同时也可以通过语言的表达来强化。当我们因为某个同学一件小事完成得特别成功而鼓励他时，他更有可能不断重复这样的行为。记住，我们应该关注的是别人好的行为和努力过程中的细节。在这里和大家揭秘一下，这就是我们表达爱的终极攻略——"美言录"，也就是说，咱们刚才是在说"美言录"。

【设计意图】先确定一个典型情景，再让学生现场使用攻略模拟对话，并运用心理学知识指导学生如何与同伴沟通，使其体会到会表达的好处和三段式的巧妙，从而愿意改变沟通方式。

三、"天天美言"大挑战——收获练习的好处

师：刚才咱们尝试对同学说了"美言录"，我们可以把它广泛应用到各个情景中，既可以对同学说，又可以对父母、老师、身边所有人说，还可以对我们自己说。我们先来看看"美言录"的三要素。

①好现象：描述你所看到的好行为。

②好感受：描述你此时此刻的感受。

③好行为：把值得鼓励的行为用具体的语言表达出来。[①]

下面咱们一起根据情景写一写"美言录"吧。

⊕ **情景一**

父母下班回到家放下东西就开始洗菜、做饭。

给父母的"美言录"："爸爸妈妈，我看到你们一下班就开始洗菜、做饭，都没休息一会儿。""我觉得很幸福，同时又很心疼。""我看到爸爸炒菜的时候都出汗了，妈妈热得把头发都梳起来了，爸爸妈妈辛苦啦！"

⊕ **情景二**

下课了，同学们都在休息，老师却还在辅导学生。

给老师的"美言录"："老师，我看到您下课后没回办公室，一直在给 A 同学讲题。""我感觉您很辛苦，都没时间喝点儿水。""这道题您在课上已经讲过了，但 A 同学一直听不明白，所以您就换了几种方法给他分析，现在他会做了。他笑了，您比他笑得还开心。"

⊕ **情景三**

接力比赛结束了，你们小队虽然平时训练认真，但没有获得冠军。

给自己的"美言录"："××（自己的名字），我看到你本来很难过，但是又担心队友，所以给大家打了一些水喝。""我很心疼你，亲爱的自

---

① 钟思嘉，王宏，李飞，等.儿童时间管理训练手册：30 天让孩子的学习更高效 [M].升级版.北京：清华大学出版社，2018：80.

己。""你没有因为一时的失败陷在低落情绪中，还能帮助大家缓解情绪，真是个坚强的人。"

师：请大家把写好的"美言录"读出来，一起感受一下。

师：你们看，对建立良好的关系，"美言录"是不是犹如神兵利器，能发挥神奇的作用？所以，我们一定要坚持使用这个工具。接下来一个月，邀请大家和父母一起打卡，怎么样？

[课后延伸]

学生和父母共写观察单（如表1所示），为期四周，每周三次。四周后，再次请家长、老师、学生填写表达方式调查问卷。

表1　观察单

（　　）的好行为	
我鼓励他 / 她的话语（"美言录"）	（1. 好现象　　2. 好感受　　3. 好行为）
他 / 她被鼓励后的反应	

【设计意图】"写美言"是对上一环节"说美言"的升级训练，其中加入了与自己的对话，是想让学生试着客观评价自己。因为一节班会课无法解决所有问题，所以，设计了为期四周的学生和父母共写观察单"打卡"活动作为延伸教育的主要方式，希望学生和家长能好好使用"美言录"，学会表达爱。四周后，通过问卷调查持续跟踪目标落实情况。

[反思与总结]

1. 第一环节通过两个视频直观地反映出了人们在表达方式上存在的问题。同时，通过对比两位大人激发孩子的干劲儿时所用的激将法、鼓励法及其产生的不同效果，引发了学生、老师、家长对自己表达方式的反思。

2. 第二环节的情景可以根据各班的情况自行确定，但建议以同学关系为出发点，以便学生真正感受到自己改变说话方式后对方的情绪变化。而"说话攻略"——"感受三段式"较为专业化，学生在使用时有难度，老师要相机提供帮助，甚至可以引导学生表达，最终让学生获得成功的体验。

3. 第三环节意在让学生通过练习给父母、老师写"美言录"，体验"美言录"的神奇之处，而给自己写"美言录"，目的则是让学生多关注自己的情绪，对自己有更加客观的评价。

4. 一节班会课的效果如何是需要时间检验的，自动化思维和表达习惯是可以通过训练形成的，因此延伸设计必不可少。活动最后设计的学生和父母共写观察单的形式很好，可难在坚持，因此选择了写完就打卡的形式，为学生增加动力。

[附1：表达方式调查问卷（学生卷）]

1. 你与同学的关系是：

A. 非常亲密　　　　　　　　B. 比较亲密

C. 不太亲密　　　　　　　　D. 很疏远

2. 你是否满意目前同学与你说话的方式？

A. 很满意　　　　　　　　　B. 比较满意

C. 不满意　　　　　　　　　D. 很不满意

3. 你们之间是否出现以下情况？（多选）

A. 经常"互怼"式交流影响了同学关系

B. 偶尔"互怼"式交流稍微影响关系

C. 即便"互怼"也没影响同学关系

D. 没有"互怼"过

E. 别人"怼"我，我没有

F. 其他

4. 你认为原因在于谁？

A. 同学　　　　　　B. 自己　　　　　　C. 双方

5. 你在和同学相处的过程中能感受到团结友爱吗?

A. 完全可以　　　　　　　　B. 多数时间可以

C. 基本可以　　　　　　　　D. 越来越感受不到

[附2：表达方式调查问卷（家长卷）]

尊敬的家长:

您好! 本次是关于家庭中孩子的说话方式的调查。希望通过这次调查能使每个家庭都意识到说话方式的重要性，也希望您能如实填写问卷内容。希望通过我们的共同努力，能帮助孩子改进说话方式。（请您在符合实际情况的选项上打 "√"）

1. 孩子与您的关系是:

A. 非常亲密　　　　　　　　B. 比较亲密

C. 不太亲密　　　　　　　　D. 很疏远

2. 您是否满意目前孩子与您说话的方式?

A. 很满意　　　　　　　　　B. 比较满意

C. 不满意　　　　　　　　　D. 很不满意

3. 您和孩子之间是否出现以下情况?（多选）

A. 孩子经常不好好说话，影响了亲子关系

B. 孩子偶尔不好好说话，稍微影响关系

C. 即便孩子不好好说话，也没影响亲子关系

D. 孩子一直好好说话

E. 其他

4. 您认为原因在于谁?

A. 孩子　　　　　　B. 自己　　　　　　C. 双方

5. 您在和孩子相处的过程中能感受到孩子的爱吗?

A. 完全可以　　　　　　　　B. 多数时间可以

C. 基本可以　　　　　　　　D. 越来越感受不到

[附3：表达方式调查问卷（教师卷）]

尊敬的老师：

您好！本次是关于咱们班学生说话方式的调查。希望您能如实填写问卷内容，也希望通过咱们的共同努力，能帮助学生改进说话方式。（请您在符合实际情况的选项上打"√"）

1.本班学生与您的关系是：

A.非常亲密　　　　　　　　B.比较亲密

C.不太亲密　　　　　　　　D.很疏远

2.您是否满意目前学生与您说话的方式？

A.很满意　　　　　　　　　B.比较满意

C.不满意　　　　　　　　　D.很不满意

3.您和学生之间是否出现以下情况？（多选）

A.学生经常出言不逊，影响了师生关系

B.学生偶尔出言不逊，稍微影响关系

C.即便学生出言不逊也没影响师生关系

D.学生对我没有出言不逊

E.其他

4.您认为原因在于谁？

A.学生　　　　　　B.自己　　　　　　C.双方

5.您在和学生相处的过程中能感受到学生的尊重吗？

A.完全可以　　　　　　　　B.多数时间可以

C.基本可以　　　　　　　　D.越来越感受不到

》北京市大兴区长子营学校　贾爽

学 习 篇

4. 请注意，智慧秘方派送中
—— 专注更高效主题班会

[班会背景]

注意力是指人的心理活动对一定对象的指向和集中。它主要包括四种品质，即注意的稳定性、注意的广度、注意的分配性和注意的转移性，这也是判断一个人注意力强弱的主要标准。根据学生的学习实际，我发现很多学生注意力不集中。比如，在课堂学习时，部分学生容易走神发呆，或是偷偷做小动作；在课后延时服务时，有的学生一会儿做语文练习，一会儿做数学习题，无法在既定时间内完成学习任务，从而出现了写作业效率不高、粗心马虎等情况。

以上问题，老师和家长都知道是学生在学习时不够专注而引起的，但是对如何帮助学生提升注意力普遍停留在说教层面，缺乏具体实际的专注力训练，不能有效帮助学生解决问题。

因此，本节班会课通过开展活动使学生感受集中注意力的必要性，明晰注意力是能够通过练习得到提高的。学生只要明确目的，增加有意注意，克服内外干扰，做到"心到""耳到""眼到""口到"，就能集中注意力，高效学习。

[班会目标]

1. 知识与认知目标：通过开展活动，使学生认识到集中注意力的重要性。

2. 方法与能力目标：引导学生尝试运用提高注意力的方法和技巧，在学习生活中自觉养成集中注意力的好习惯。

3. 情感与态度目标：通过参与游戏活动，使学生体验集中注意力带来的愉悦感。

[课前准备]

1. 访谈班级科任老师，了解学生近期的注意力表现，做好记录。

2. 以访谈记录为依据设计课堂自我测试题。

3. 安排好上课场地，准备舒尔特方格等课堂所需物品。

[班会过程]

一、"注意听，老师说"

玩游戏"注意听，老师说"（配乐：《本草纲目》）。

游戏规则：

①全体学生起立，伸出右手向老师做一个"顶呱呱"的手势。

②当口令前有"老师说"三个字时，按照老师的口令去做。

③当口令前没有"老师说"时，则做相反的动作（如听到"拇指朝上"则做"拇指朝下"的动作，听到"拇指摇一摇"就保持不动）。

④做错的同学先轻轻坐回座位上，再参与游戏。

音乐停止，游戏结束。

师：恭喜仍然站立的同学获得了胜利！你们也想和他们一样享受胜利的喜悦吧？其实是有秘方的，注意听啦，老师要派送智慧秘方了！

【设计意图】利用游戏导入，可以快速调动学生参与课堂的积极性。简单但刺激的小游戏，不仅能吸引学生的注意力，而且能巧妙、自然地过渡到这节课的主题上。

二、智慧秘方大派送

1. 自我测试

先完成自我测试题，然后全班交流测试结果。

①上课时，我总是觉得时间过得太慢。

A. 是 　　　　　　　　　B. 不是

②上课时，我常会想起和学习无关的事情。

A. 是 　　　　　　　　　B. 不是

③一遇到担心或紧张的事情，我会总是想着那些事。

A. 是 　　　　　　　　　B. 不是

④学习某个科目时，我常常会想着另一科目。

A. 是 　　　　　　　　　B. 不是

⑤听别人说话的时候，我时常会分心或者心不在焉。

A. 是 　　　　　　　　　B. 不是

测试结果说明：超过 4 个"不是"，你是个注意力集中的有智慧的孩子；3 个"不是"，你还可以更加智慧一些；少于 3 个"不是"，你离成为更加有智慧的孩子只有一步之遥啦！

师：怎么才能做一个注意力集中、更加有智慧的人呢？老师这里有秘方。请注意，智慧秘方正在派送中！

【设计意图】通过自我测试，让学生明确自身存在的注意力不集中的问题，为下一步提升注意力做铺垫。

2. 派送智慧秘方

秘方一：明确目标。

（课件出示图片，停顿 8 秒，然后图片消失）

师：图片上的气球有哪三种颜色？小女孩的鞋子是什么颜色？小男孩

手里拿的是什么？

生：图片消失得太快了，看不清啊！

师：那好吧，带着问题再看一次，这次只看 5 秒，看完马上告诉老师你的答案。

（生答略）

教师小结：想要提升注意力，我们一定要明确目标。

秘方二：聚精会神。

（学生观看视频）

师：视频中穿白色衣服的运动员一共传了几次球？

生：16 次。

师：是的，一共 16 次，看来有了明确的目标后同学们的注意力大有提升啊！大家离成为更加智慧的孩子更近一步了。那么有同学发现视频中出现了一只黑猩猩吗？（大部分学生回答"没有注意到"）再看一次视频吧！

（学生观看视频）

师：为什么大家都没有注意到那只黑猩猩呢？

（生答略）

教师小结：我们有意地在某一件事情上集中注意力时，会无意识地忽略周围的事物。想要提升注意力，我们除了要明确目标，还要聚精会神。

（做小测试：走迷宫。规则：请端正坐好，手平放在桌面上，只用眼睛寻找答案，不可借助手和笔。完成后举手示意老师。）

师：你觉得怎么做可以帮助你更快走出迷宫？

（生答略）

教师小结：想要做到聚精会神，我们要认真观察，手眼并用。

秘方三：排除干扰。

（课件出示图片，请学生在一分钟内数出图片中一共有几个字母 M。一分钟倒计时，同时播放音乐《孤勇者》。学生汇报。）

师：答案都不一样，那我们再数一次吧。

（一分钟倒计时，无音乐）

师：前后两次数数，环境明显不一样，结果也有所不同。请同学们谈谈你有怎样的感受。

生：第二次我数对了，因为第一次数的时候老师给我们放了《孤勇者》，我就想一边听歌，一边跟着唱，一边数，就数错了。第二次数时大家都安安静静的，我就很认真地数数了。

师：当我们在完成学习任务时，周围环境可能会给我们带来干扰，比如刚才的音乐，有的同学可能沉浸在音乐中，悄悄跟唱。请同学们开动脑筋，找一找，在学习时，还有什么会给你带来干扰？

生：文具盒上面很有趣的图案，其他人玩闹、看视频的声音，走动的同学……

教师小结：同学们列举的事物，确实是我们集中注意力的拦路虎，想要提升注意力，我们除了要明确目标，聚精会神，还要学会排除干扰。

（做"我"是抗干扰小能手闯关游戏）

第一关：快速、准确地说出你看到的字是什么颜色。

（课件依次呈现：绿、红、蓝、黑、紫、黄、白、青）

第二关：正听反说，请把你听到的数字反着说出来。

（教师依次念数字串，间隔5秒：78945，58764，90873，32617，74310，86743，10964，52109）

教师小结：排除干扰，要做到"心到""耳到""眼到""口到"，这样我们才能集中注意力。

秘方四：手脑并用。

师：最后一个秘方，只有通过考验的同学才能得到它。温馨提示：请注意运用你刚刚得到的三个秘方。

（注意力大考验：逢"7"必过。规则：全体学生起立，从"1"开始报数，每逢7或者7的倍数，不能说出，要拍手，说出或拍错的学生则被淘汰，被淘汰后请轻轻回到座位上。）

师：请顺利通过考验的同学分享心得。

生：要一边注意听别的同学报的数字，还要一边思考它是不是 7 或者 7 的倍数，乘法口诀要背熟，拍手也要及时。

教师小结：表达得真准确。想要集中注意力，我们还要做到手脑并用。比如，在上课的时候，我们要一边听老师讲课，一边做笔记。

【设计意图】设置专注力训练游戏，让学生切身体会到日常生活中会影响我们注意力的因素有哪些。有针对性的训练既可以让学生集中注意力参与课堂学习，也更容易让学生信服。

三、运用智慧秘方

小组讨论：面对以下场景，你会选择使用哪个智慧秘方集中注意力？请说明选择的原因和使用方法。

> **场景 1**
>
> 上自习课时，我太困了，同桌要给我讲一个笑话提提神。

> **场景 2**
>
> 延时服务写作业的时候，我总想摆弄漂亮的笔袋和各种各样的笔。

> **场景 3**
>
> 数学老师讲的这个知识点好难，我不想听了。

教师小结：在学习中想要提升我们的注意力，首先，要做到明确学习任务，增加有意注意，提高自觉性。其次，要努力排除干扰，为了避免学习的时候疲劳，要早点儿休息，保证睡眠充足。比如，在学校学习时把与课堂无关的物品收起来，在家学习时远离手机、平板电脑等。最后，学习时要做到"心到""耳到""眼到""口到"，多感官同时参与，认真听讲，及时做笔记，这样注意力更加集中，学习效率更高。

【设计意图】让小组讨论在具体情境中如何集中注意力，可以检验本节课的学习成果，同时，也能集思广益，让学生在面对类似问题时更快更好地调整状态，集中注意力，高效学习。

四、课堂总结

师：孩子们，我们今天在游戏中不仅找到了集中注意力的秘方，还提升了自己的注意力。只要我们在做事情的时候，能够做到眼睛看，脑子想，认真听，动手做，排除周围的干扰，有意识地集中注意力，那我们就能成为做事专注的人。我们一起宣布，今天派送的智慧秘方——"签收成功"！

[课后延伸]

开展舒尔特方格 21 天挑战赛（如表 1、表 2 所示）。

表 1　舒尔特方格

11	3	24	12	5
16	22	8	4	23
9	18	13	6	17
7	1	15	25	10
21	14	2	19	20

表 2　舒尔特方格 21 天挑战赛

第一周	第 1 天	第 2 天	第 3 天	第 4 天	第 5 天	第 6 天	第 7 天
挑战用时							
第二周	第 1 天	第 2 天	第 3 天	第 4 天	第 5 天	第 6 天	第 7 天
挑战用时							
第三周	第 1 天	第 2 天	第 3 天	第 4 天	第 5 天	第 6 天	第 7 天
挑战用时							

挑战规则：

在位置上坐端正；用手指按照从小到大的顺序依次指出数字的位置，并大声朗读；记录每次挑战所用时间。

【设计意图】舒尔特方格 21 天挑战赛，既可以帮助学生提升注意力，又可以为教师提供直观有效的数据，这样教师就能全面了解学生的注意力情况，有针对性地与学生、家长沟通。

[反思与总结]

1. 游戏贯穿整个课堂，既充分调动了学生的积极性，又极大地吸引了学生的注意力，大部分学生都能积极自主地参与游戏，参与课堂。通过游戏体验，大部分学生能感悟到，提升注意力需要明确目标，做到聚精会神，努力排除干扰。

2. 在游戏开始前，教师要讲解清楚游戏规则，提醒学生注意寻找游戏挑战成功或失败的原因，而不是完全沉浸于游戏中。

3. 课后的舒尔特方格 21 天挑战赛可以强化课堂训练，不断提升学生的专注力。同时，教师可以根据学生记录的"挑战用时"，更加直观地发现学生存在的注意力不集中的问题，并与学生、家长沟通，进行更加全面系统的训练，帮助学生更加高效学习。

4. 注意力的提升并非一朝一夕，需要学生在今后的学习生活中格外重视，运用课堂上所学的提升注意力的方法，促成自己成长。同时也需要教师、家长创造良好的环境，有意识地通过活动不断培养和锻炼学生的专注力，提升他们注意的稳定性、注意的广度、注意的分配性和注意的转移性。

» 广东省深圳市龙岗区康乐学校　朱晓君

5. 善做时间小主人
——时间巧管理主题班会

[班会背景]

小学中年级的学生个性差别大,自主意识增强,学习压力感出现。同时他们的意志力有待加强,尚不能较稳定、自觉地把握好自己的时间。

老师通过平时观察、与学生聊天和问卷调查可以发现,班上不少学生不会利用时间。如早、午读时间,有的学生会坐在位置上发呆很长时间,再慢慢地把作业拿出来上交,等缓过神来,早、午读已接近尾声。学生整体状态比较松懈,尽管有老师和班干部多次提醒,效果依然较差。不少学生不懂得珍惜时间,上课等下课,下课等放学,每天都在"熬"时间。基于这种情况,特开展此次主题班会,意在让学生懂得时间宝贵,认识到只有做时间的主人,才是对自己生命负责的表现,并在活动中学会如何合理安排时间。

在班会课开展的过程中,老师将德育和心育相结合,运用心理学中的"自己人效应""自我表露原则"和积极心理暗示法,为学生解决问题赋能。同时通过教给学生专业的时间管理方法四象限法则,让学生懂得合理安排自己的时间。

[班会目标]

1.知识与认知目标:懂得时间可贵,认识到只有珍惜时间、做时间的主人,才是对自己生命负责的表现。

2.方法与能力目标:初步掌握合理安排时间的方法,自觉赋予时间价值和意义。

3.情感与态度目标：树立正确的时间观念，激发珍惜时间及对自己生命负责的意识。

[课前准备]

1.准备学生时间管理调查问卷，回收调查问卷，做好数据分析。
2.制作学生课间、课后肆意浪费时间的视频。
3.准备学生制作时间规划表的纸张。
4.制作课件。

[班会过程]

一、原来时间有力量

（做一分钟鼓掌小游戏）

师：你猜猜自己一分钟能鼓掌多少次，请同学们先把自己预估的次数写在纸上。计时开始后，请大家以最快的速度鼓掌。

师：一分钟结束，请大家把自己刚才鼓掌的次数写在预估的次数下面。你有什么感想？请大家分享。

教师小结：大部分学生的实际鼓掌次数比预估的次数要多很多。只要全力以赴，你就会发现，原来一分钟能做这么多事情，你比想象当中的自己更出色。

【设计意图】利用小游戏导入，充分调动学生的参与兴致和积极性，让学生在轻松愉快的氛围中快速投入，在游戏中初步感知时间的价值。同时通过积极的心理暗示，使学生感受到自己是可以赋予时间价值的，达到自我教育的目的。

二、时间太瘦指缝宽

师：同学们，在刚才的小游戏中，我们感受到了时间的力量。那么，我们平时是如何把握时间的呢？通过课前的问卷调查我们发现，每天能够较好地利用时间的同学只有很少的一部分。

师：一般人一天睡觉的时间约为 8 小时甚至更长，占一天的三分之一。吃饭、休息、聊天、娱乐的时间又占去三分之一。也就是说，每天我们实际能利用的时间差不多只有 8 小时。那么这 8 小时，大家是如何度过的呢？老师捕捉了一些瞬间，我们一起来看看。（播放学生课间、课后肆意浪费时间的视频）

师：看了以上视频，再结合我们课前做的调查问卷，现在你有什么感想？请同学们来分享一下。

教师小结：时间太瘦，指缝太宽。在悄无声息中，时间就从我们身边溜走。鲁迅说，浪费自己的时间等于慢性自杀。我们的生命就是由一分一秒的时间组成的，只有珍惜时间，才能让自己的生命焕发光彩，才是对自己负责的表现。

（课件出示一组数据，请同学们分享感受）

$1^{365}=1$

$1.01^{365}\approx 37.8$ $1.02^{365}\approx 1377.4$

$0.99^{365}\approx 0.03$ $0.98^{365}\approx 0.0006$

师：如果能够把握住时间，每天多努力一点儿，一年之后你将会有质的飞跃；但如果每天松懈一点点儿，一年后你将发现，在不知不觉中，你已经落后别人一大截。

【设计意图】通过课前问卷调查以及播放学生课间、课后肆意浪费时间的视频，促使学生反思自己身上存在的问题，增强学生珍惜时间、对自己负责的意识。之后呈现一组数据，点燃学生迫切寻求改变的愿望。

三、探究时间管理方法

1. 学生分享时间管理方法

邀请班上的"时间管理小达人"及优秀学生做时间管理方面的分享。

2. 教师分享自己的故事

求学时代的我并不是一个聪明的学生，甚至可以说有点儿愚钝，经常一道题老师讲了几遍我还是听不明白，可以说领悟能力比班上大部分学生都差，我却能够在期末考试的时候考到七科总分年级前三名。这是怎么做到的呢？我善于利用每天的碎片化时间。比如每天早上上学前煮早餐时，我常常大声背诵课文，回顾知识点，把前一天学过的知识用"放电影"的形式在脑海里过一遍。每天晚上我都会整理好当天不理解的知识，在第二天的课间跑到办公室里向老师请教，一个课间没解决完的就下个课间继续，直到弄懂为止，把每一个课间充分利用起来，绝不把问题积压。因此，虽然我的起点低，却能在每一次大考小考中获得优异的成绩。我想，这和我充分利用时间有很大的关系。

3. 小组探究合理安排时间的方法

小组成员共同探究合理安排时间的方法。比如，制定目标，把事情按照重要程度排序；化整为零，充分利用碎片化时间；请他人监督提醒；自我提醒；制作时间规划表，量化管理……

4. 教师引出时间管理四象限法则

时间管理四象限法则（如图1所示），即把主要的精力和时间重点放在处理重要但不紧急的事情上，这样才能做到未雨绸缪。

人们一般会在第二、三象限里耗费最多的时间，因为这类事情不重要，处理起来没压力，但这就占用了处理第一、四象限的时间，这是一种变相的拖延。要想高效管理时间，就要把重点放在第一、四象限上，特别是第四象限。倘若你把重心集中于第四象限，就能够掌握时间的主导权，保持领跑的姿态。这样当未来面临突发事件时，你便能动用储备，应对自如。①

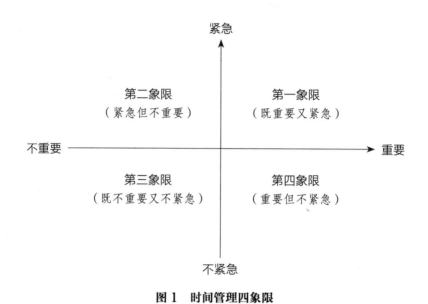

图 1　时间管理四象限

【设计意图】让学生身边的榜样做时间管理方面的分享，引导学生学会珍惜时间、管理时间。教师分享自己的故事，以自我表露的方法，拉近和学生的距离，建立起互相信任的师生关系，成为学生的"自己人"。这容易使学生放下心理防御机制，更令人信服。学生总结归纳合理安排时间的方法，并学习时间管理四象限法则，从而懂得如何合理安排自己的时间。

四、制定一日规划表

学生根据自己的学习生活，制定适合自己的一日规划表"我的时间我

① 刘儒德. 教育中的心理效应 [M]. 2 版. 上海：华东师范大学出版社，2013：271.

做主"。

老师用课件出示惜时名言，请大家一起读，并让学生在课后找一句自己最喜欢的惜时名言誊抄张贴，作为自己的座右铭。

明日复明日，明日何其多。我生待明日，万事成蹉跎。

时间就像海绵里的水，只要愿意挤，总是有的。

时间抓起来就是金子，抓不住就是流水。

教师小结：同学们，时间是一个公平的使者，不会多给你一分，也不会少给你一秒。它给懒惰的人留下懊悔和空虚，给勤奋的人留下力量和智慧。只有把握好生命里的每一分钟，才能把握住理想的人生。最后，希望所有的同学都能成为时间的主人，对自己负责，努力创造更加灿烂的明天。

【设计意图】通过制定具体的个人时间管理规划，提高学生的执行力，使其把本节课的感触外化为实际的行动，学会合理安排自己的时间，并通过课后持续跟踪记录，促使学生养成良好的习惯。座右铭的张贴也能帮助学生更好地养成惜时的习惯。

[课后延伸]

每天睡前对照自己的一日规划表，反思当日任务完成情况，给自己评分，并邀请家长评分，坚持一个月。

[反思与总结]

1. 课前的问卷调查以及制作学生平时表现的视频是比较重要的。我们习惯于和学生说理，但有不少学生没有多大的感触，甚至可能觉得老师说的不是自己。将老师、家长平时捕捉到的画面直接呈现在学生眼前，能带给学生更大的触动——原来在不知不觉中自己浪费了这么多时间。因此课前应做好素材的积累工作。

2.身边榜样的分享能起一定的作用。名人的故事虽然可能会带给学生一定的感触，但学生也会在潜意识中觉得目标离自己过于遥远。而通过身边的榜样分享时间管理方法，揭秘优秀学生养成的过程，学生会觉得，原来成功并不神秘，他们可以做到的，自己一样可以做到。

3.教师自己的求学经历对学生而言独具魅力。在学生眼中，教师身上的一切都充满趣味性和神秘性。教师主动和学生讲述自己的故事，契合了心理学中的"自己人效应"和"自我表露原则"，迅速地拉近了和学生的距离，建立起彼此信赖的师生关系。此时学生容易放下心理防御机制，不会觉得教师是在"教育"自己，而是作为过来人和学生分享经验，是学生的心理同龄人，从而得到更深刻的启发。

4.班会课后的长时跟踪和及时反馈尤为重要。良好习惯的养成不是一蹴而就的，只有通过课后持续跟踪记录，才能促使学生养成良好习惯，真正学会珍惜时间、管理时间。

>> 广东省广州市番禺区洛浦东乡小学　陈剑雯

品 德 篇

6. 相信我能行
—— 笑对挫折主题班会

[班会背景]

　　每个人不可避免会遇到各种困难、不顺心的事。都说"人生不如意之事十有八九"，挫折是每个人成长路上都会遇到的。很多名人在童年、少年时都遇到过挫折。坚强的意志、良好的心态是一个人健康成长所必需的。

　　小学四年级学生开始进入少年期，身心发展正处于半幼稚、半成熟的状态，自我意识有所发展，自尊心进一步增强，自主性要求日趋强烈，但仍然缺乏自我约束的能力，不希望老师、家长把自己当小孩对待，但在日常生活中又缺少克服困难的意志和毅力。由于缺乏经验，加之竞争加剧以及受家庭环境影响，他们很容易在学校生活和家庭生活中遇到困难，也就很容易经历挫折。

　　本次班会课力求通过丰富的活动，让学生正确认识挫折，学会应对挫折的方法，带领学生与挫折直接对话，感受和挫折一起成长的力量。

[班会目标]

　　1. 知识与认知目标：使学生在活动中认识到经历挫折是成长路上的正常现象。

　　2. 方法与能力目标：通过听绘本故事等方式引导学生积极面对挫折和

困难，学会应对挫折的方法。

3.情感与态度目标：使学生感悟到要用积极的心态面对挫折，感受和挫折一起成长的力量。

[课前准备]

1.调查学生平时应对挫折的情况。

2.收集素材，制作课件。

3.分组，摆放桌椅等。

[班会过程]

一、初识挫折

1.暖身游戏："鸡蛋变变变"

游戏规则：

学生变身为"鸡蛋"，"鸡蛋"只能蹲着走，每人随意寻找对决对象。通过石头剪刀布与另一个"鸡蛋"猜拳，赢家变"小鸡"，输家仍然为"鸡蛋"。

"鸡蛋"继续找"鸡蛋"猜拳。"小鸡"找另外的"小鸡"猜拳，赢家升级为"凤凰"，输家降级为"鸡蛋"。

升级为"凤凰"后可以不找"凤凰"对决，依旧做"凤凰"，但有"凤凰"来要求对决时，不允许回避。赢家依然是"凤凰"，输家要降级为"小鸡"。

游戏要求：真实，诚实。音乐停止，活动停止。活动结束时，请记住自己的身份。

学生开始做游戏，教师随机指导。

2. 交流

（分别采访"凤凰""小鸡""鸡蛋"）

师：随着游戏的进行，面对身份的变化，你的心情怎么样？

（生答略）

教师小结：在刚才短短三分钟的游戏中，我们既体验了胜利的喜悦，也感受了失败的沮丧。我们在生活、学习中，也难免会遇到不顺心的事，这就是我们常说的"挫折"。今天我们来聊聊有关挫折的话题。（板书：挫折）

【设计意图】通过暖身游戏把学生的注意力迅速转移到团体活动上，调动学生的参与积极性，同时自然地引入活动主题。

二、畅谈挫折

1. 听绘本故事

师：挫折是每个人生活中不可避免的。今天，我们班来了一只小鼹鼠，他遇到了什么事呢？

（播放《小鼹鼠的土豆》的前面部分）

2. 谈谈挫折

师：小鼹鼠一开始什么也没有找到，但他没有在困难面前退缩、放弃，继续挖着。当他见到鼹鼠姑娘，想叫她去看自己种的土豆时，却听到了其他鼹鼠的怪笑，看到了鼹鼠姑娘失望的眼神，听到了她的叹气声。此时，小鼹鼠的心情可能是怎么样的？

（生答略）

师：听了小鼹鼠的经历，请你们在音乐声中回忆自己平时在学习和生活中遇到的类似的困难、挫折，写在活动单正面。

我的挫折经历：＿＿＿＿＿＿＿＿＿＿＿＿＿＿

＿＿＿＿＿＿＿＿＿＿＿＿＿＿＿＿＿＿＿＿＿＿

当时我的心情：＿＿＿＿＿＿＿＿＿＿＿＿＿＿

＿＿＿＿＿＿＿＿＿＿＿＿＿＿＿＿＿＿＿＿＿＿

（在小组内交流分享自己的挫折经历）

【设计意图】借助学生喜欢的故事，让学生自然想起自己平时在学习和生活中遇到的类似的挫折故事，通过写一写、画一画的方式唤起学生的情感体验。

三、笑对挫折

1. 继续听绘本故事

（播放《小鼹鼠的土豆》的后面部分）

师：小鼹鼠面对不顺心的事，面对一次次挫折时，他是怎么做的？你想对他说些什么？

（生答略）

2. 点明主题

学生先交流，然后师生共同小结：小鼹鼠面对其他鼹鼠的讥笑，面对鼹鼠姑娘的失望表情，他没有感到沮丧，没有一蹶不振。面对一次次挫折，他没有痛哭，而是微笑面对。（板书：笑对）小鼹鼠特别坚强，特别乐观。

3. 笑对挫折

师：咱们学校心理辅导室有个"心灵信箱"，让我们来看看下面三位同学的心里话吧！

- 我成绩不太好，每次考试后，看到自己不太理想的成绩，总是特别沮丧。回到家里，爸爸妈妈也总会因此批评我，还说："你看×××，总是考得那么好，可你呢，每次都考得这么差……"
- 我是个爱运动的男孩，平时有空常去打篮球，踢足球。可是，有一次，我不小心摔了一跤，脚踝骨折了。我暂时不能去学校上学，不能下床自由活动。我感到很难过，同时也很担心自己的学习成绩会受很大的影响……
- 上学期，我参加了区级的演讲活动。但是，由于自己紧张，加上准备不够充分，最后被淘汰了，没有获奖。我为此特别懊丧，觉得自己太差劲了。

师：请第一、二小组讨论第一种情况，第三、四小组讨论第二种情况，第五、六小组讨论第三种情况，思考应该如何应对挫折，可以通过演一演、画一画等方式呈现。

第一、二小组讨论交流：寻求帮助。请老师帮助分析原因——是上课不专心，没有跟上节奏，还是平时学习效率、学习方法的问题？找到原因后，再有针对性地改进。该学生可以和家长交流沟通。同时他自己要做调整，在获得家长支持后，努力提升自己。

教师小结：感谢第一、二小组，挫折是成长的必经之路。请记住：寻求帮助不要怕，调整方法重开始。（板书）

第三、四小组讨论交流：在受伤期间，有不会的知识点，可以问爸爸妈妈，或是问老师，也可以自己上网课，在家里学习。当我们不能回校上课时，可以用这些办法来学新课，还可以看一些名人坚强面对挫折的故事。

教师小结：乐观坚强去面对，拨云见日不沮丧。（板书）

第五、六小组讨论交流：没有获奖，如果是因为自己没有认真准备，就要吸取教训。比赛失利是常有之事，失败乃成功之母，不能因为没有获奖而放弃。今后面对各种挑战，我们还是要敢于尝试，不放弃，努力去做，终会有所收获。

教师小结：敢于尝试不放弃，吸取教训有收获。（板书）

4. 折射生活道理

师：挫折如同我们生活中的风风雨雨，风雨是不可避免的，挫折也一样。刚才大家已经在活动单正面写下了自己平时在学习和生活中遇到的挫折。现在，让我们看看活动单反面，请运用今天课堂上学到的方法笑对挫折。

我会用＿＿＿＿＿＿＿＿＿＿＿＿＿＿＿＿＿＿＿＿＿＿＿＿

的方法去笑对＿＿＿＿＿＿＿＿＿＿＿＿＿＿＿＿＿＿＿＿

＿＿＿＿＿＿＿＿＿＿＿＿＿＿＿＿＿＿＿＿＿＿＿＿＿＿

我对自己说：＿＿＿＿＿＿＿＿＿＿＿＿＿＿＿＿＿＿＿＿

我的心情：＿＿＿＿＿＿＿＿＿＿＿＿＿＿＿＿＿＿＿＿＿

【设计意图】通过聆听《小鼹鼠的土豆》，学生可以感受到小鼹鼠的乐观，认识到用积极、阳光的心态面对不如意之事时，一些困难就显得微不足道了。

在平时的学习和生活中，学生常常会遇到各种不顺心的事，通过"心灵信箱"，呈现学生常常遇到的挫折：考试成绩糟糕，因身体问题引发挫败感，比赛失利等。引导学生通过讨论交流等方式，学会应对挫折的方法。

四、课堂小结

1. 谈话

师：这节课，你感受最深的是哪个环节？最大的收获是什么？

（生答略）

2.赠送心灵加油卡

教师给学生赠送心灵加油卡：

面对挫折时，乐观心态很重要；

面对挫折时，敢于尝试不放弃；

面对挫折时，意志坚强不沮丧；

面对挫折时，调整方法重开始；

面对挫折时，寻求帮助不要怕；

面对挫折时，吸取教训有收获；

面对挫折时，换位思考我能行！

【设计意图】活动接近尾声，留时间给学生回顾，让他们谈谈这节课中自己感受最深的环节或收获最大的地方，从而加深对挫折及应对方法的理解。

[课后延伸]

请大家从"魔盒"里找到自己写的挫折经历，将它贴在"笑对挫折"表格中，再写上自己其他的挫折经历，并选择适合自己的方法，制作独一无二的"笑对挫折"绘本。

【设计意图】通过制作"笑对挫折"绘本，使学生更好地应对生活中的挫折。

[反思与总结]

1."鸡蛋变变变"这一暖身游戏在内容、形式上不够新颖，发现有个别学生参与积极性不高。

2.《小鼹鼠的土豆》这个故事有一定趣味性、启发性。学生听了故事后，内心有一定的触动。他们纷纷诉说自己平时遇到的一些不顺心的事，有几个学生说着说着，眼圈不由地红了。走心的活动，确实能引起学生的共鸣。

3. 在小组内交流分享自己的挫折经历时，个别学生没有参与，教师一定要关注到全体学生，鼓励每个学生参与其中，都有不同程度的收获。

4. 本次班会课，教师运用积极心理暗示，旨在培养学生积极的心理品质。挫折是不可避免的，但我们要相信自己可以运用合理的方法去应对挫折。各小组分享应对挫折的方法时，通过演一演、画一画等方式来呈现，有一定的创新性。

》浙江省杭州市萧山区市心小学　陈燕红

7. 拉拉钩，我和诚信有个约定
——诚实守信主题班会

[班会背景]

众所周知，诚信是人类千百年传承下来的优良品质。随着年龄的增长，学生的生理和心理都会发生巨大变化，四年级是儿童成长的一个关键期。最近班级中出现了一些不诚信现象，这引发了我的关注和担忧。本次班会课旨在让学生树立正确的诚信观念，激励他们在日常学习生活中更加努力，为将来步入社会后能诚实守信，与他人公平竞争打下坚实的基础。

[班会目标]

1. 知识与认知目标：让学生树立正确的诚信观，懂得诚信是中华民族的传统美德，理解诚信的含义。

2. 方法与能力目标：引导学生对自身或他人行为的诚信度进行评判，并挖掘原因，思考改善措施。

3. 情感与态度目标：通过系列活动，让学生知道从自我做起，讲诚信话，做诚信事。

[课前准备]

制作课件，收集相关资料，准备卡纸（诚信卡）若干。

[班会过程]

一、玩揉纸游戏——激发学习兴趣

师：同学们，让我们先来玩一个揉纸游戏。

游戏规则：给每个同学分发一张纸，请你把它揉成一个纸团，使劲揉，等揉到一定程度，把纸团打开。这张纸有什么变化？你能感受到什么？

（游戏开始后，每个学生拿着纸使劲揉）

师：这个游戏做完了，现在看看你们手里的纸，变成什么样子了？如果把诚信比作一张纸，请同学们谈谈感想。

生1：这张纸都被揉皱了，而且越用力它就越皱。

生2：如果把诚信比作一张纸，我们刚刚的各种揉，就是在破坏诚信。

生3："诚信"这张纸，一旦被我们破坏了，就难以修复！

师：同学们都说得很好！如果把诚信比作一张纸，你们刚刚的各种揉，就是在破坏诚信。你揉得越用力，也就是破坏得越严重，你的诚信就越难恢复，这就是不诚信的代价！在上这节班会课之前，我让同学们查找这样的故事，请大家来说一说。

（学生讲故事，略）

（课件分别出示《郁离子》中记载的富商因不诚信溺水身亡的故事、周幽王烽火戏诸侯的故事）

师：同学们，想一想：这两个故事告诉了我们什么？大家从中悟出了怎样的道理？

生1：这两个故事告诉我们，如果做人做事不讲诚信，就会带来恶劣的后果，甚至会失去生命。

生2：不讲诚信，轻则会失信于人，重则会导致国家灭亡！

【设计意图】以游戏导入主题，激发学生的学习热情。接着让学生观察纸的变化，体会到诚信就像一张纸，如果遭到了各种破坏，恢复起来就很难。还让学生讲一讲相关故事，初步感受到不讲诚信可能带来的危害。

二、"你追我赶"——理解诚信的含义

师：接下来，我们来一个知识大比拼。在上这节课之前，你们已经查阅了相关资料。请说说你理解的诚信的含义是什么。哪个小组说得又多又好，就给这个小组发一张"诚信卡"。最后比比哪个小组的"诚信卡"最多。

生1：诚信就是实事求是，不扩大，不缩小。比如，我们犯了错误就要承认，不要去隐瞒或推诿给别人。

生2：诚信就是要诚实守信，不虚伪，不作假。我们考试的时候，就要诚信，不能去偷看别人的考卷，不能作弊。

生3：诚信乃治国之道，兴邦之计。刘备为求卧龙三顾茅庐，以诚心打动他，以至他对刘备忠心耿耿，为兴复汉室鞠躬尽瘁，死而后已……

师：这几位同学说得很好，让我们给他们所在小组送上"诚信卡"。总结起来，诚信就是一切从实际出发，实事求是，讲信用，守信誉。诚信是做人的根本，更是立国安邦，治理天下的良方。

【设计意图】让学生理解诚信的含义，明白诚信就是实事求是，诚实做人，做事讲信用；诚信更是立国之本。这为接下来环节的开展做好了铺垫。

三、心灵碰碰车——"我来辨一辨"

师：在做情境辨析之前，老师要送你们两个锦囊，相信它们能够帮你们更好地解决问题。

（出示"诚信锦囊"）

①实事求是，不扩大，不缩小。
②说到做到，讲信用，守信誉。

（学生分成四个小组）

师：请大家想一想：遇到这些情况，你会怎么做呢？选一种情境说一说。

- 小李同学已经答应了班上同学周六一起去图书馆看书，但晚上回到家，妈妈却说周六要带他去迪士尼玩。那他应该怎么办呢？
- 语文老师布置了一篇作文作为回家作业，你在写的时候发现家里的作文书上也有同样题目的作文。你会怎么办呢？
- 小张同学的个子比较高，坐在班级的倒数第二排。但他成绩不是很好，妈妈让他骗老师说自己最近近视了，看不清，想换到前几排。如果你是小张，你会怎么办？
- 新学期刚开学，班主任说要竞选大队长了。于是，小丽同学偷偷地给班上每位同学买了一份小礼物，还说如果她竞选成功了，会请大家去她家里玩。如果你是小丽的同学，你会怎么做呢？

（先在小组内讨论，然后全班交流分享）

【设计意图】在前两个环节中，学生对诚信已经有了一定的认识。此处把生活中比较常见的不诚信的事挖出来，引发学生思考，让学生在争论中明辨是非。班级竞选这一现象，让学生对诚信的理解更深了一层，也就是公平公正，不偏袒任何一方。

四、走进生活——榜样在身边

师：相信我们大部分同学是有诚信意识的，不过大家在成长期间可能会出现过失，要是能积极改正错误同样是好学生。

师：你班里的好朋友是谁？他做过哪些讲诚信的事情让你难以忘记？

生1：我想说说小李同学。有一次我回家作业上有一道题做不出来，我本来想让小李给我抄一下。他马上拒绝了我，并告诉我抄作业并不是一件正确的事情，是不诚信的表现。他还教了我这道题怎么做，我觉得我应该向他学习！

生2：我来说说我们的班长小朱同学吧。有一次上体育课，收器材的时候，她发现手里的羽毛球被自己打坏了，就主动告诉体育老师，并承认了错误。体育老师没有批评她，还说她是一个主动承认错误、有责任感的好学生！

师：同学们都能找到身边讲诚信的例子，非常好。诚信的主旨即人与人能够交心、以诚相待、平和友善、相处融洽。诚信是安身立命之本、为人之本。

【设计意图】让学生说说自己身边同学讲诚信的事例，发现身边同学的闪光点，学习他们诚信的品质，发挥榜样的力量。

五、落实行动——种下"诚信树"

师：接下来请大家做一张"诚信卡"。请在这张"诚信卡"上写一写自己做过的讲诚信的事（三言两语即可）。请写好的同学将手中的"诚信卡"贴到这棵"诚信树"上。让它在我们这个温暖的大家庭中健康成长，早日成为一棵参天大树！

教师总结：诚信是中华民族的传统美德，是为人处世的重要标准，更是社会发展的基石。我们应当诚信立人，严谨求学，踏实做事，争做德才双优的先进分子。让我们行动起来，做诚实守信的好学生吧！

【设计意图】最后环节，让学生制作"诚信卡"，并将其贴到"诚信树"上，把诚信的正能量传播下去。

[课后延伸]

拟定一份倡议书《我和诚信有个约定》，在接下来的全校升旗仪式上，班级学生向全校同学发出倡议，号召大家从我做起，如果之前有不诚信行为希望能改正，把诚信这个传统美德发扬光大。

【设计意图】诚信不能只在班级里宣传，可以借助全校性活动，发起倡议，让更多的学生认识到诚信是一种美德，是一种优良传统。要培养诚信学生，建诚信校园！

[反思与总结]

1. 游戏导入，主题鲜明。诚信是中华民族的传统美德，但在日常生活中，总会存在不诚信行为。儿童对不诚信行为的认知并不全面，甚至会学习这样的行为。本次班会课以揉纸游戏导入，激发学生的学习兴趣。学生纷纷发言，自然过渡到本次班会课的主题上。

2. 活动育人，关注学生。这堂班会课中设置了很多活动，如游戏互动、知识大比拼、故事讲演等。这样的活动形式适合四年级学生。他们积极参与活动，在活动中体悟道理，教师适时引导。只有从学生的视角切入，合理规划各项活动，班会课才可以收到良好效果。

》上海市杨浦区中原路小学　曹蕾祯

8. 小肩膀，大责任
——责任我担当主题班会

[班会背景]

疫情威胁我们的生命安全。疫情发生后，医生、社区工作人员和社会志愿者等表现出来的责任感令我们感动、难忘。我们应当讲好他们的故事。

小学中年级学生已经具备了一定的责任意识，但是，受认知水平和生活阅历所限，他们的责任意识不强，对正确履行自己的各种责任缺乏全面认识，履行责任的能力不足，意志还不够坚定。

我们以疫情为契机，结合抗疫故事设计班会，引导学生体验并分析"最美逆行者"的担当精神，以增强学生的责任意识。

[班会目标]

1. 知识与认知目标：通过讲述疫情中真实的感人故事，引导学生明白能担当责任的人才是英雄，从而理解责任担当的含义。

2. 方法与能力目标：以小组讨论和分享的形式让学生明确该怎样去牢记我们的使命，承担我们的责任。

3. 情感与态度目标：感受疫情面前那些真实的温暖人心的力量，激发学生做有责任担当的人。

[课前准备]

1. 布置学生收集自己听到的、看到的"最美逆行者"的故事。

2. 准备 8 套防护服。

3. 邀请一位医生家长现身说法。

4. 准备好"我的责任树""行动卡"等。

[**班会过程**]

一、寻找："最美逆行者"

师：同学们，有这样一群人，总是提醒我们要注意防疫，自己却冒险冲在了抗疫第一线，选择了逆行，他们是谁呢？

（按照课前布置的任务，各小组代表依次登台讲述自己听到的、看到的"最美逆行者"的故事，说一说自己被打动的原因以及当时是怎么想的。课前要鼓励学生在家长的帮助下做简单的课件，配上感人的音乐，以增强故事的感染力。）

教师小结：面对疫情，他们也会害怕，也知道远离疫情就是最好的防护，但是他们依然选择了坚守，选择了逆行，这就是负责任，有担当。

【设计意图】把话语权交给学生，让学生来说一说真实的抗疫故事，说一说自己崇敬的抗疫英雄，从而更深刻地认识责任和担当。这是学生在生活中真实体会到的，更有触动心灵的力量。

二、体验：责任的力量

（课前请小组代表穿戴好防护服。课堂上，他们穿着防护服走路、写字等，体验穿防护服带来的活动不便，以及身体上的炎热。）

师：你穿上防护服身体感觉怎么样？做事情方便吗？你觉得"责任"这个词有怎样的力量？

（生答略）

师：这么辛苦，这么炎热，是责任的力量让医护工作者选择了坚持。我们来听听他们的心声和感受。

（邀请医生家长上台现身说法，谈谈自己的抗疫心路历程）

生：（采访家长）为什么那么危险您还要上前线？当时在家庭和工作之间您做了哪些艰难的取舍？有没有快要坚持不住的时刻？最后您又是怎么做的？

（如果班级里没有这方面的家长资源，教师可以提前寻找好采访材料，例如《战"疫"夫妻档，有一种爱叫并肩作战》等）

【设计意图】学生通过体验穿戴防护服，进一步感知责任的重要性和意义。通过现场访谈医生家长，学生进一步感知榜样的力量，感受周围人身上的责任与担当。学生只有真体验，才有真感受、真收获。

三、测试：我的责任心

师：刚才，我们从"最美逆行者"身上看到了责任的重要性。"责任"这个词听起来有点儿空，但是它与我们息息相关。下面我们进行一个责任心小测试。

①轮到值日时你能认真做清洁吗？

②你常常能按时完成作业吗？

③课堂上你常常能做到认真听讲吗？

④你在家里主动做家务吗？

⑤你常常帮家人捶背、递茶吗？

⑥与别人约好的事，你常常能做到吗？

⑦你觉得自己可靠吗？

⑧你能坚持做好垃圾分类吗？

⑨你能做到正事优先，其他娱乐活动靠后吗？

学生回答"是"或者"否"，回答"是"每题得1分，回答"否"每题得0分。

得分：6—9分，你的责任心较强，为人可靠。请继续保持！

3—5分，你大多数情况下都能负起责任，但是有时会松懈。请你再接再厉！

2分以下，你的责任心还比较弱，大多数情况下没能承担自己应负的责任，请加油！

【设计意图】通过责任心小测试，让学生进一步明晰自己身上的责任具体表现是什么，自己距离一个责任心强的人有多大差距，唤醒学生的情感认同，为下一环节做好情感铺垫。

四、行动：我的责任我来负

1. 种下"我的责任树"

师：要想成为一个责任心强的人，首先就要厘清我们自己该肩负起怎样的责任。其实，每个人在不同阶段、不同场合会拥有不同的身份，担当不同的角色，也就是说我们要担负起相应的角色责任。那么，接下来请大家填一填学习单，想一想你都扮演了哪些不同的角色，填在"我的责任树"的树枝上，承担哪些责任，请填在附近的叶子里。填完后在小组内分享。

（小组派代表分享"我的责任树"）

教师小结：我们担当不同的角色时，有不同的责任。我们是学生时，要好好学习，尊敬老师，团结同学；我们是子女时，要孝敬父母，自觉承担家务；我们是社会小公民时，要遵守法律法规，举止文明……我们的角色是多重的，责任也是多重的。

2. 填写行动卡

师：大家刚刚已经明确了自己承担着哪些责任，那么我们该怎样做才能负起责任呢？请你们选择一种角色，把具体行动填在行动卡里，之后在班级里分享。

```
┌─────────────────────────────────────────────────────┐
│                      行动卡                           │
│                                                       │
│    我是一个_____，从今天起，我会负起_____      │
│  的责任，我会做到：                                   │
│        1._____     │
│        2._____     │
│        3._____     │
│        ......                                         │
│    负责任，有担当，我是新时代好少年！                 │
│                          立誓人：_____            │
│                                                       │
└─────────────────────────────────────────────────────┘
```

教师总结：本节课，我们从"最美逆行者"身上感悟到了责任和担当，也明白了自身的责任和行动的方向。小肩膀，大责任，看到你们的铿锵誓言，我相信你们一定能负责任，有担当，成为新时代好少年！

【设计意图】从厘清自身责任到把责任落实到平时的行动中，层层推进，环环紧扣。通过分享"我的责任树"来厘清自身的责任，通过制作行动卡来表达自己未来负责任、勇担当的决心，同时列举具体的行动，进一步牢记日常的规范和行为，增强责任担当意识。

[课后延伸]

1. 在班级里每周评选"责任之星"，发挥榜样示范作用，在日常评价中增强学生的责任意识，巩固其行为。

2. 全班同学讨论制定"我在班级负责任"的 10 条规则，作为班规的一部分共同遵守。

[反思与总结]

1. 课前布置各小组收集自己听到的、看到的"最美逆行者"的故事，要鼓励学生在家长的帮助下做简单的课件，配上感人的音乐，以增强故事的感染力。这样才能达到良好的效果，才能直击学生的心灵。

2. 上课前就要请小组代表穿戴好防护服，还可以录制一些穿戴防护服不便的视频，在后续学生讲述时播出，以增强说服力。在学生讲述穿防护服的感受时，教师要追问，引导到责任的力量上去。

3. 如果医生家长不方便到场的话，可以让学生上课前做好线上采访并录屏。如果没有医生家长资源，可以用相关的新闻报道代替。

4. "行动：我的责任我来负"这一环节是本节班会课的重点之一，如何把责任落实到日常行动中，教师要指导学生把行为具体化，不要写得太大、太空，这样才有实际操作意义。

》广东省佛山市禅城区南庄镇紫南小学　陈宝瑜

情 绪 篇

9. 愤怒没有错，错的是_____？
—— 化解愤怒情绪主题班会

[班会背景]

　　小学中年级学生自我意识增强，易冲动、易怒，管理情绪的意识淡薄。他们容易受消极情绪困扰，进而影响学习生活，如果缺乏调节方法，甚至会做出冲动过激的行为。

　　马歇尔·卢森堡博士，在《非暴力沟通》一书中，为我们介绍了一种新的沟通方式——非暴力沟通。简单地说就是四个步骤，分别是说出事实、表达感受、说出原因以及提出具体的请求。观察，即只表达自己观察到的结果，不做任何价值判断和评价；感受，即表达自己受伤害、担心、恐惧、开心、愤怒等感受；需要，即考虑自己的哪些需要没有得到满足导致自己产生了这种感受；请求，即要求对方采取哪些行为来满足自己的需求或愿望。本节课的教学重点是让学生了解非暴力沟通法并能运用到实际生活中。

[班会目标]

　　1. 知识与认知目标：认识到情绪的多样性，学会觉察自己的生气、愤怒等消极情绪。

　　2. 方法与能力目标：面对生气、愤怒等情绪时，懂得使用非暴力沟通法和自我调节深呼吸法等，化解自己的消极情绪。

　　3. 情感与态度目标：激发学生的主观能动性，使其将调节情绪等方法运用到实际生活中。

[课前准备]

准备泡沫展示板、姓名贴、火山形状的图钉、微笑贴纸、气球等。

[班会过程]

一、视频导入，走近火山爆发

1.出示火山风景图片

师：同学们，你们觉得这些山看起来美吗？其实这些都是火山。虽然火山看起来像一座山，但火山爆发绝对是大事。我们人类经历的大型火山爆发其实并不多，但每次大型的火山爆发，对当时的人类而言都是生死存亡的挑战。

2.播放火山爆发视频

师：同学们，火山爆发是一种自然现象。猛烈的火山爆发会摧毁大片土地，吞噬大量生命。2022年初，汤加火山爆发，这可能是全球近30年来最可怕的火山爆发。回溯历史，观照现实，人类在大自然面前很渺小，自然界的怒吼震慑人心，也促使人们冷静思考。

3.心里有座小火山

师：其实，每个人的心中都有一座小火山。它总是在你面对不如意的事情时，突然冒出来。同学们知道内心的小火山是什么吗？（生答略）没错！它就是你面对不合心意的事情时生气、愤怒的情绪。每个人都有自己的小火山，有时候生气、愤怒的情绪会在不经意间爆发。当消极情绪到来时，我们可以允许它存在，带着好奇心观察它、感受它，冷静地想办法去解决才是上策。

【设计意图】通过出示图片、播放视频，让学生直观感受到火山爆发的威力以及产生的危害，并联系自己内心的小火山，懂得每个人都有愤怒、生气的时候，这是很正常的，但要用积极的心态去处理。

二、钉下火山钉，回想生气缘由

师：你有没有生气、愤怒的时候呢？在回想过程中把自己生气的事件，按照"极度愤怒""生气""有一点儿不开心"进行分类，并把小图钉钉在相应的位置（如表 1 所示）。要注意安全，不要被图钉钉到手。现在，请同学们在小组内分享交流。

（小组展示交流：请小组长展示小组成员的泡沫板，重点和大家说说有什么事情会令同学们极度愤怒，注意不能说出当事人的姓名，只是分享事件）

教师小结：在平时的生活中，我们会因为被别人冤枉、被同学排挤、亲子沟通不畅、受到不公平对待等产生消极情绪。

表 1　第一小组的火山钉

	极度愤怒	生气	有一点儿不开心
姓名：××	同学冤枉我拿了她的画本，还在其他同学面前造谣		我上课时讲话，被老师批评了
姓名：××	踢足球的时候，××故意把球踢到我头上		老师没收了我的漫画书
姓名：××		爸爸和妈妈总是偏爱妹妹，明明是妹妹的错，但是爸爸和妈妈总是先批评我	
姓名：××		同学在背后取笑我，给我取外号	

	极度愤怒	生气	有一点儿不开心
姓名：××		爸爸和妈妈答应了周末带我去游乐场，但是一到周末他们却忘了这回事，总是说下次再去	每次扫地，××和××总是不好好扫，凑在一起说话，害得我们小组每次都是最迟完成扫地任务

【设计意图】本环节通过回想生气、愤怒事件，让学生觉察自己的消极情绪，明白每个人都有生气、愤怒的时候，有消极情绪是正常的，并钉下火山钉，为最后的环节做铺垫。

三、熄灭小火山，学习沟通方法

师：从各组的表格中可以看出，不同性格的同学对事情的反应也不同，这是正常的。但是，如果我们任由生气、愤怒等消极情绪不断发酵、蔓延，就像火山一样爆发，后果不堪设想。想知道熄灭小火山的好方法吗？

1.出示心理双关图——从不同角度看问题

师：在送给大家小妙招前，老师想请大家看看这几幅图片。

（教师出示心理双关图，让学生说说自己看到了什么。每个学生看图片的角度不同，大家纷纷说出自己的答案。）

师：对呀，虽然大家看的是同样的图片，但是从不同角度看到的图像却是不一样的。

2.听绘本故事《好消息　坏消息》——具备积极乐观的思维

师：请同学们认真听故事，并说说自己的感受。

（学生谈感受，略）

师：有时候"好消息"和"坏消息"就在一念之间。你怎样看待问题，你就会有怎样的心情，只有具备积极乐观的思维才能一直拥有"好消息"和好心情。

3. 学习非暴力沟通法 —— 四步沟通法
师：让我们看一个情境，思考一下如果是你，你会怎么说。

同学 A：每周一扫地，总是看到你最迟到包干区。你为什么永远都那么迟来？害得我们组每次都是最晚回到班级。

同学 B：你怎么总是针对我，小黄不也迟到吗？我家又是住得最远的，何况每次都是我倒垃圾。

同学 A：明明总是你迟到，你还好意思说别人？现在全组同学都对你有意见。

同学 B：你以为你是组长就可以乱管人吗？你们对我有偏见，总是针对我，我在你们心中永远都是不好的！

（学生开始修改，但命令式、指责式语言还是偏多）

师：刚才大家各抒己见，其实这样的问题很好解决。接下来老师给大家一个法宝，让每个同学能合理表达愤怒，那就是 —— 四步沟通法。

（出示非暴力沟通法 —— 四步沟通法）

①说出事实：避免用"总是、都是、永远"这样的语言。
②表达感受：不是批判他人的行为或言语。
③说出原因：找到感受的根源。
④提出请求：请求越清晰越好，不是命令式语气。

师：接下来，请四人小组合作，采用四步沟通法帮助小组长同学 A 和同学 B 吧。

（学生讨论交流，用四步沟通法帮助同学 A 和同学 B，如表 2、表 3

所示）

表 2　用四步沟通法帮助同学 A

1. 说出事实	小 B，周一扫地，你有迟到的现象。
2. 表达感受	我觉得这不太好。我有点儿着急。
3. 说出原因	因为我们在一个组，如果每个人都能按时到包干区，尽快完成扫地任务，我们就不会成为扫地最慢的小组。
4. 提出请求	如果你有困难可以告诉我，我们共同解决，但你要按时到包干区。你觉得怎么样？

表 3　用四步沟通法帮助同学 B

1. 说出事实	我明白，你担心我迟到会影响小组的扫地进度，所以总会提醒我。
2. 表达感受	但这会让我感到有点儿没面子。
3. 说出原因	因为我家住得比较远，所以会迟到一点点儿。
4. 提出请求	请你相信我，我并不是故意迟到的。可以和老师商量一下吗？我会尽量早点儿到，还可以干一些收尾的工作。比如，摆放扫地工具、倒垃圾等。

师：同学们，你们真是太棒了，四步沟通法都运用得不错！让我们一起回顾一下四步沟通法吧！（一起读：说出事实—表达感受—说出原因—提出请求）

【设计意图】这个环节是本节课的重要部分，通过引入具体的情境，让学生学会用积极的思维、建设性的沟通方法去解决问题，化解消极情绪，并将所学方法运用于实践。

四、玩游戏，拓展方法

1. 吹气球，深呼吸

师：接下来我们玩一个游戏——吹气球。在吹气球的过程中，请回忆一下曾经令你愤怒的事。

（学生吹气球，老师喊口令。等学生的气球都吹大了，老师及时叫停。）

师：同学们，如果气球代表让我们愤怒的事情，吹进去的气代表生气、愤怒等情绪，要是这些情绪一直无法消解，会有什么后果呢？

师：（演示气球慢慢放气）当愤怒情绪能释放出来时，我们的愤怒情绪就会小很多。所以，快速消解愤怒情绪的方法还可以是——深呼吸。（板书）

师：我介绍一下瑜伽呼吸法。人们的呼吸与情绪、思想息息相关。当我们面对不如意的事情，生气、愤怒时，要让自己冷静下来，深呼吸，将自己的注意力从情感的冲动转移到自身的呼吸上。具体方法是，闭上嘴巴—自然吸气—用鼻孔短促有力地均匀呼出气体。

（全班同学一起运用此方法）

2. 小组讨论，总结方法

师：同学们，在生活中解决问题的方法不止一种，处理情绪的方法也是。请你们结合自身的生活经历，和小组成员分享一下你们快速熄灭小火山的方法。

（师生一起总结方法，老师板书：转移注意力　合理化法）

①转移注意力。通过参与一些自己感兴趣的活动，将注意力从引发消极情绪的事件当中转移出来。

②合理化法，就是所谓的"精神胜利法"。比如，吃亏是福、破财免灾等。这并不是一种积极的应对策略，但是效果很好，注意不要滥用，以免形成习惯或定式。

师：现在你们就有熄灭小火山的妙招了，一定要记住哦！

【设计意图】本环节通过一个生动形象的小游戏，让学生明白任由消极情绪不断发酵会带来什么危害，并让学生结合自身的生活经历，总结出更多处理消极情绪的方法，学会运用多种方法解决问题。

五、看故事，拔下钉子

（让学生看《钉子的故事》，然后说说自己的感受和体会）

师：请同学们拔下刚才钉在泡沫板上的火山钉。看到上面的"伤痕"后，说说自己在平时的学习和生活中因为生气、愤怒情绪没有得到合理宣泄造成了哪些不良后果。

（学生热烈讨论并分享，主要集中在与同学相处、亲子沟通等方面）

师：这个故事告诉我们，人与人之间常常会因为一些无法释怀的僵持，而造成永远的伤害，就像钉子留在泡沫板上的痕迹，是无法修复的。但如果我们都能从自己做起，宽容他人，相信一定会有许多意想不到的收获。为别人开启一扇窗，也就能让自己看到更完整的天空。

师：同学们，学完本节课，我们知道，愤怒、生气等情绪本身没有错，是一种自然的反应，但是错的是什么呢？谁来填一填？

愤怒没有错，错的是＿＿＿＿＿＿＿。（冲动的行为、不加控制的宣泄、伤害他人……）

师：同学们，情绪是人内心世界的外在表达方式，包括肢体、语言、动作、态度、声音，它是一种必然的生理反应。但是如果我们不能觉察到自己的消极情绪，或者任由消极情绪发酵，后果不堪设想。一位作家曾说，情商高并非指不发脾气，而是要合理地发脾气，让自己的情绪可以顺畅地表达，舒服地做自己，才能让自己和世界都开心。

【设计意图】本环节借助故事，让学生直面自己曾经的消极情绪事件。同时也从侧面告诉学生，要学会觉察情绪，用积极思维消解情绪，避免产生不可修复的后果，要让自己的情绪顺畅地表达，从而健康成长。

［课后延伸］

1.制作属于自己的"消灭火山钉"记录表，如果能用上本节课所学方法处理生气、愤怒情绪，就贴上微笑贴纸，一周后大家再来分享自己的收获。

2.运用四步沟通法解决最近生活中一件令人愤怒的事情，并记录在表格里。

[反思与总结]

1.学生在产生消极情绪，如生气、愤怒时，总喜欢随意爆发或将其掩藏心中。要重点教会学生觉察自己的情绪，转变观念，不要认为将自己的消极情绪掩藏起来就是好事，要用积极思维去看待自己的消极情绪。

2.在小组展示交流的过程中，教师要注意巡视，提醒学生在分享的时候隐去姓名，重点是讲述事件的类别，而不是开控诉会。

3.在吹气球的时候，要通过口令指导学生慢慢吹，避免造成气球爆破，引起班级轰动。如果有学生不慎把气球吹破，教师也可以回归主题，告诉学生生气、愤怒情绪不断发酵带来的后果。

4.在学生学习四步沟通法的时候，要更多地帮助班上性格比较敏感、易冲动的学生，可以采用小组互助、同伴提示、教师巡视等方法，鼓励这类学生积极思考。

》广东省中山市大涌镇旗北小学　潘采君

高年级

（五、六年级）

交往篇

1. 悦纳自我，快乐成长
——破解亲子沟通困局主题班会

[班会背景]

十岁是学生成长过程中的关键节点。这一时期学生处于青春期前期，常常会听到家长抱怨孩子不愿与他们沟通，情绪波动大，比较叛逆，不服从管教等。家长不知如何与孩子进行有效沟通，长此以往亲子间的隔阂将越来越深，关系越来越僵。

基于学生的心理特征和外在表现，结合家长的真实反馈，我在班级中开展了一系列具有仪式感的主题班会，引导家长在孩子的这一关键成长期做他们的倾听者、支持者，接纳和包容孩子。

[班会目标]

1. 知识与认知目标：家长认识到亲子沟通问题，并能反思自己的家庭教育方式。学生能够正确了解自己的感受和情绪，并能反思自己的言行。

2. 方法与能力目标：引导家长认识孩子的心理发展状况，帮助学生和家长找到同频对话的渠道，明确理解和尊重是亲子沟通的前提，学会正确处理沟通中的情绪问题。

3. 情感与态度目标：在班会活动中，破除亲子沟通的壁垒，促进亲子间和谐沟通，加深彼此的情感。

[课前准备]

1.请家长给孩子写一封信，表达这一阶段自己的真实想法。请孩子给父母写一封信，说出自己内心的困惑和小秘密。同时，班主任也给家长写一封信，让家长了解孩子在学校里的成长状态。最后，将这三封信整理好，放在十岁成长礼盒中。

2.收集所有学生从1岁到10岁的照片，并制作成5分钟左右的短视频，在课前播放。

3.录制一段孩子们的真心话视频，注意视频中要将每个孩子的脸用卡通图片遮挡。

4.班主任动员学科教师一起准备音诗画表演《我们能陪伴孩子多少年》。

5.请教儿童心理学专家，查阅相关资料，并据此排演家庭亲子沟通短剧。

6.预订较大场地，并给家长发放邀请函，及时做好相关统计工作。

[班会过程]

一、活动导入：解锁成长密钥

1.播放暖场视频
会场播放每个孩子的成长影集，并配上舒缓的音乐。家长牵着孩子的手步入会场，坐在指定的位置上。

2.音诗画表演：《我们能陪伴孩子多少年》
（联合语文、音乐、美术等学科教师，将朗诵、演唱、绘画融为一体，为家长和孩子带来一场精彩表演）

师：亲爱的家长们，我们还能陪伴孩子多少年？这个问题会触发我们很多联想。时光转瞬即逝，我们又真的了解他们吗？

【设计意图】课前播放成长影集，让家长和孩子一起走入温馨、和谐的会场，这为整堂课营造了舒心的情感氛围。老师们的精彩展示，让家长看到了每位老师对孩子们的真切关怀和付出，还能引发家长对孩子成长的思考，为接下来打破沟通壁垒奠定基础。

二、敞开心扉：打破成长壁垒

1. 成长剧场

师：最近，我常听到这样的抱怨："老师，他回家总是不听我的，硬要对着干，这可怎么办呢？""老师，以前他回来总和我说说学校里的事，现在怎么问他都不愿意张口，这是怎么回事？"

①强势的父母。

（一组学生上台表演关于周末如何安排这一问题的亲子沟通场景）

孩子：妈妈，这个周末我们约好了到同学家玩，他们买了新的拼装玩具。

妈妈：还想着玩玩具呢？我给你报了一个周末突击班，把你的数学好好强化一下！

孩子：啊？周末已经有两个学习任务了，就不能让我喘口气吗？

妈妈：这可是好不容易抢到的课，别人想上都上不了。为了提高你的学习成绩，你必须付出更多努力。

……………

师：面对妈妈这样的要求，你的感受是什么？你最真实的想法是什么？

生：想逃离这个家，快疯了……

②喜欢唠叨的父母。

（一组学生上台表演放学回家后的亲子沟通场景）

妈妈：快把书包放下，桌上有水果，赶紧吃了做作业。

孩子：我的作业都在学校里完成了。

妈妈：还有我给你安排的啊，做完了还要复习今天所学内容，预习明天要学的内容，阅读半小时，运动半小时……

妈妈：（10分钟后）你怎么还躺着啊？快一点儿！

孩子：我不想做。你烦不烦！

…………

师：听到妈妈一直在催促和提要求，你有什么想法呢？你希望她怎么跟你讲？

生：为什么她不考虑一下我的感受？……

2.学习沟通之法

师：家长们，刚才这两个短剧是不是就是你们家的日常呢？剧中孩子们的表达，大家真的去理解过吗？如果家长过于强势和唠叨，不仅不会改善亲子关系，还会不断激化亲子矛盾。这里给大家提几条建议，大家可以尝试着改变。强势的父母要学会示弱，多俯下身子，耐心倾听，跟孩子交换意见。喜欢唠叨的父母要学会闭嘴，努力控制自己的言语。对亲子沟通，我们应该先处理情绪，再处理事情。

①静听心声。

师：听了刚才老师的分享，我想每位家长都在回忆自己和孩子相处的过程，让我们听听孩子们的心声吧。

（播放录制好的孩子们的真心话视频）

师：刚才我在悄悄地观察每位家长的表情，有的家长眼角闪着泪花，有的家长默默地低下了头，还有的家长把身边的孩子抱得更紧了……

②互诉真情。

（家长和孩子分别打开信封，在音乐声中读对方给自己写的信）

师：这些文字都流淌着孩子对父母的情，镌刻着父母对孩子的爱……

十年成长，不负时光。家长们，请抱一抱身边的孩子吧；孩子们，请靠在爸爸妈妈的怀中吧。

【设计意图】家长在观看短剧后，开始反思自己的言行，在静听孩子的心声后，逐渐解开心结。在阅读信件的过程中，他们激动的情绪归于平静，和身边的孩子拥抱，以拉近亲子间的距离。

三、班会小结：共赴美好未来

1. 班会小结

师：孩子们、家长们，今天的班会课让我们看到了彼此间深藏的爱。其实，大人和孩子一样，都在岁月的长河中不断成长，让我们一起共赴未来。

2. 现场赠书

老师送给每个孩子一本《十岁那年》作为礼物，并在台前同每一位家长和孩子合影留念。

【设计意图】40分钟的班会课不能彻底消除这一时期父母与孩子的沟通障碍。但这次班会课的核心目的就是让家长和孩子试着放下戒备心，去理解和沟通彼此的想法；珍惜那份浓浓的亲情，并把它带到今后的成长过程中，努力构建和谐的亲子关系。

[课后延伸]

本节课是十岁成长系列班会的第一次班会，目的是改善亲子关系，消除亲子沟通障碍。后期系列班会中还包括亲子沟通法宝、亲子团体活动、亲子阅读分享会等活动。同时会根据家长和孩子间出现的新问题不断调整班会内容。

[反思与总结]

1. 本次班会课前期准备比较复杂，耗费的时间和精力较多，需要提前计划和筹备，这样才能达成较好的效果。

2. 本次班会课中会暴露家庭教育的一些真实问题，在实施过程中，应充分考虑家长和学生的具体情况，依据班级学情开展活动。

3. 在帮助家长发现亲子沟通问题和提出改进建议的时候，以教师讲述为主。如果采用更灵活的方式，可能更有利于提升家长的参与度和增强策略的时效性。

4. 本次班会课是家长与孩子共同参与的，因此课后收到了很多家长的反馈。家长表示，在这次具有仪式感的班会课中，看到了孩子最真实的一面，也开始反思自己与孩子的相处模式。

》重庆市两江新区星光学校　荣翔

2. 积极应对，远离欺凌
——远离校园暴力主题班会

[班会背景]

2017 年出台的《加强中小学生欺凌综合治理方案》，明确了学生欺凌的界定："中小学生欺凌是发生在校园（包括中小学校和中等职业学校）内外、学生之间，一方（个体或群体）单次或多次蓄意或恶意通过肢体、语言及网络等手段实施欺负、侮辱，造成另一方（个体或群体）身体伤害、财产损失或精神损害等的事件。"

在学校里，有些学生因外貌或学业等原因，遭同学欺凌。欺凌行为不只影响校园和谐，更会给受害人带来痛苦和不安。本次班会课旨在让学生作为旁观者了解校园欺凌，培养其积极心理品质，让学生认识到校园欺凌行为的不良影响。

[班会目标]

1. 知识与认知目标：在活动中了解什么是校园欺凌行为，并了解其危害。

2. 方法与能力目标：通过活动，初步掌握积极应对校园欺凌的方法。

3. 情感与态度目标：感悟到要宽容，同学、朋友间应友好相处，这样才能让彼此的生活多一些快乐。

[课前准备]

将学生分组，准备课件、笑脸卡和哭脸卡等。

[班会过程]

一、活动导入，引出主题

1. 心情预报站

活动规则：根据屏幕上的图片或视频及相应的文字，出示笑脸卡或哭脸卡。

①别人给你取了侮辱性绰号，还在大庭广众之下大声叫，旁边的同学听了，不怀好意地笑了。

②小强在下课时用可以喷水的壶故意把你的衣服喷湿了。他还警告你不要和老师说，否则会让你"吃苦头"。

③小红和同学们相处得很不错，不会欺负他们，看到同学有困难还会主动帮助。老师常常夸奖她。

④小林在下课时把一个男生推进女厕所，还在外面起哄，叫着"××进女厕所了"。

⑤下课了，你和同学们在一起做游戏。你们遵守游戏规则，彼此尊重，玩得可开心了。

…………

2. 谈感受

师：当你看屏幕，举起笑脸卡或哭脸卡时，你的心情怎么样？有什么感受？

（生答略）

3. 揭题

师：刚才我看到你们的表情随着屏幕上内容的变化而变化。刚才有同学说了，看到一些现象时，自己的心情一下子不好了。但这些现象却常常发生在我们身边。同学们，你们知道吗？这些看似好玩的举动，其实已经属于校园欺凌了！什么是校园欺凌呢？今天这节课我们就来聊一聊欺凌这个话题。（板书：欺凌）

4. 了解校园欺凌

师：同学们，你们知道哪些行为是校园欺凌吗？

（学生自由说，然后老师播放视频《预防校园欺凌》）

【设计意图】通过出示笑脸卡或哭脸卡，自然引出本次班会课的主题。在学生自由说的基础上，播放视频《预防校园欺凌》，让学生对校园欺凌有初步的认识。

二、分享故事，体验情感

（播放故事《不要欺负小朋友》前面部分）

1. 了解角色

师：同学们，刚才这个故事中，谁受到了同伴的欺凌？

生：帕特里克。

师：我这里有几个角色名称，被欺凌者、欺凌者、旁观者。这个故事中，谁是被欺凌者？谁是欺凌者？

生：帕特里克是被欺凌者，乔纳森是欺凌者。

2. 体验情感

师：现在让我们以小组为单位，分别扮演帕特里克、乔纳森和旁观者——他们的同学，说说他们当时的想法或感受，好吗？

（学生以小组为单位进行角色扮演，戴上头饰，加上动作、表情）

欺凌者（乔纳森）：我觉得这没什么啊！帕特里克本来就胖，我只是觉得好玩而已。

被欺凌者（帕特里克）：一听到有人叫我猪圈、肥猪、打呼噜的小猪，我就想逃离这个地方。这些绰号让我觉得自己特别差劲。我感到愤怒，极其伤心，有时甚至无心学习，但是又感到非常无奈。我实在不明白他们为什么要这样伤害我！

旁观者：有时就是像看热闹似的，听多了，就觉得习惯了。

…………

3. 小结

师：感谢同学们的表演。看来，校园欺凌的危害很大，它让被欺凌者感到非常伤心、自卑，影响了学习。（板书）

【设计意图】通过听故事，引导学生认识到校园欺凌给被欺凌者造成的伤害，为下一环节做铺垫。

三、积极应对，远离欺凌

1. 分享故事，积极应对

师：校园欺凌给被欺凌者带来了许多困扰，甚至是伤害。那么，我们该如何应对校园欺凌呢？请继续听故事。

（继续播放完故事）

师：听完了这个故事，你知道被欺凌者帕特里克的应对方法是什么吗？

生：他的方法是寻求帮助，他告诉了爸爸。

师：（随机板书：寻求帮助不要怕）还有其他方法吗？

生：帕特里克积极改变自身的不足。他说他正在节食呢！

师：（随机板书：积极改变为良策）说得真好啊！还有吗？

生：帕特里克把乔纳森的手腕一次又一次掰过来，让乔纳森不由得夸他强壮。掰得过别人，也是一种自我保护能力。我们要努力提高自我保护能力，努力让自己变得更加强大。

师：（板书：自护自强我在行）作为欺凌者，乔纳森又是怎么做的呢？

生：乔纳森改变了自己的看法。他原先觉得帕特里克特别胖，但从自己的手腕被帕特里克一次次掰过来后就夸他真壮。

师：也就是说，乔纳森看到了对方的优点。（板书：多看对方的优点）还有吗？

生：学会交流，学会换位思考，学会反思自己的言行给他人带来的影响……（教师板书：尝试换位思考　学会反思交流）

2. 联系生活，远离欺凌

师：听了《不要欺负小朋友》这个故事，同学们是不是也想到了自己曾经遇到或看到的一些校园欺凌现象？请大家把这些事写在活动单的正面。要提醒大家的是，当你要写到这个同学的名字时，请用他或她来代替，或用化名。

师：我们面对校园欺凌时，除了用"寻求帮助""积极改变"这些方法外，还可以用什么办法来应对呢？先在小组内讨论，把应对方法写在活动单正面的下方。

❖ 真实事件 1

下课了，我看到有几个同学在玩游戏，非常想和他们一起玩。可是我的同桌××一见到我过去，就对那几个同学说："不要他和我们一起玩。你看，他成绩这么差，一定很笨。"有时一看到我靠近，××还会故意推我一把，看到我摔倒在地，就说是不小心的。××还会悄悄地和我说："不准和老师说，如果说了，你会更惨……"

应对方法：改变自己，努力让自己变得更优秀；寻求帮助，向师长反映问题；查找资料，找到更好玩的游戏，和其他同学一起玩……

❖ 真实事件 2

小江是小军的同学。小军比较内向，平时话不多。小江见小军比较老实，看到小军有一些自己喜欢的学习用品或其他东西，就占为己有。小江还威胁小军："你要是告诉其他人，我就给你吃苦头。"从小学一年级到二年级，小军面对小江的霸道，总是忍气吞声。小江尝到甜头后，变本加厉，他不仅总拿小军新买来的一些东西，还会动手打小军，会在小军的作业本上乱涂乱画……

应对方法：学会沟通交流，多学习，掌握一定的自我保护方法；寻求帮助；遇事不要总退缩，努力让自己变得更强大……

【设计意图】校园欺凌就在我们身边。通过《不要欺负小朋友》这个有趣又能引发学生思考的故事，引导学生了解积极应对欺凌的方法。在此基础上，联系生活，通过交流分享、小组讨论等方式，让学生进一步了解应对方法，远离欺凌。

四、反思自我，主动改变

师：大家都知道欺凌事件给被欺凌的同学带来了身体、心理上的伤害，会让他们非常伤心、痛苦。你有没有欺负过别人？通过今天的学习，你想说些什么？如果你是旁观者，你有什么想说的？今后你会怎么做？请把自己真实的想法写在活动单的反面。如果你没有欺负过别人，可以只写旁观者的想法、感受等。活动单上不用写名字。然后，将写好的活动单放入讲台前面的盒子里。

（教师抽取活动单，全班分享）

【设计意图】学生了解了一些积极应对欺凌的方法后，教师引导学生思考自己平时的言行，主动做出改变，培养学生正直、善良的品质。

五、谈收获，送祝福

（学生自由说本次班会课的收获，教师送"微祝福"）

师：同学们，很高兴能够见证你们的心路历程，我非常感动。最后，老师想送给大家一句"微祝福"：积极应对，远离欺凌。（板书）希望同学们能在这个大家庭中，心连心，手牵手，想到更多的方法来应对校园欺凌。相信曾经有过欺凌行为的孩子，也会有所触动，做出改变，今后和同学友好相处，走好人生每一步。

【设计意图】学生畅谈本次班会课的收获，教师送上温馨的"微祝福"，自然提示这节课的主题。

[课后延伸]

1.观看预防校园欺凌方面的视频或故事，并能和同学、家人分享自己的感受。

2.把自己积极应对校园欺凌的小故事，用画一画、写一写的方式记录下来，编成一个小册子。

[反思与总结]

1."心情预报站"这一活动自然地导入了话题"欺凌"。如果能设计出更有趣味的活动会更好。

2.《不要欺负小朋友》这个故事具有一定的趣味性。学生通过这个故事，对校园欺凌的危害有了一定的了解，同时也知道了一些应对欺凌的方法。在此基础上，学生联系生活，交流分享类似事件，师生共同总结应对欺凌的方法。这一环节是本次班会课的重点，也是难点。在活动中，学生的参与积极性还是挺高的，一些积极应对校园欺凌的方法在思想碰撞中应运而生。不过，在活动中，有些学生会不经意间提到同学的名字，这些同学平时确实会欺负同伴，对一些课堂生成性内容，教师的评价和引导非常重要。

» 浙江省杭州市萧山区市心小学　陈燕红

3. 大声把"不"说出来
——敢于拒绝主题班会

[班会背景]

在现代社会，提升学生的人际交往能力至关重要。在现实生活中，很多学生不懂得拒绝他人，认为不答应别人的邀请、请求就是不道德，就是不重情义，这无形中增添了学生的心理压力，有碍学生健康成长。

许多心理学家认为，不会向他人说"不"，不懂得拒绝别人，反映出的是人际交往中内心脆弱的问题。他们担心拒绝对方，会伤害彼此的感情，所以总是迁就他人而委屈自己。长此以往，这样的心理压力会让他们很不舒服，严重的甚至会导致精神疾病。因此，"拒绝"是要学习的，它是人际交往中的重要一环，是人际交往中必不可少的策略之一。

六年级学生即将步入初中，此时他们已进入青春期前期，同伴群体成为其十分看重的部分。因此，有必要通过班会活动，让学生明白，要努力营造和谐的人际关系，但并不是对所有的请求或者要求都要尽力帮忙，在面对不合理的要求或自己力不能及时，就要勇于坚持自己的意愿，要有技巧地说"不"。只要拒绝真诚、合理，讲究方式方法，就会得到理解和尊重，并不会因此而失去友谊。

[班会目标]

1. 知识与认知目标：让学生认识到在维护良好的人际关系中，我们有权利说"不"。

2. 方法与能力目标：通过创设情境，组织案例讨论，让学生明晰可以说"不"的情况，并学会恰当拒绝别人。

3.情感与态度目标：通过本次活动，使学生感受到学会拒绝是人际交往中的一项重要能力。

[课前准备]

1.制作班会课件。

2.做问卷调查和数据分析。

3.排演情景剧。

[班会过程]

一、听故事

先让学生听故事——《世界上最难说的字》，然后分角色讲故事。学生分享自己和同伴交往时，难以说出"不"的情况。

教师小结：学会拒绝别人是我们处理好人际关系的一项重要技能，也就是说，我们要学会勇敢地说"不"。

【设计意图】以故事引入，让学生初步感受到说"不"的重要性。

二、出示调查数据

会说"不"、不会说"不"的学生，约各占一半。多数学生认为需要学习说"不"，并且认为应当委婉地说出来。多数学生比较担心说"不"后影响彼此之间的关系。部分学生由于担心对方伤心、失望或者误会，而不能选择拒绝。

【设计意图】出示调查数据，让学生认识到在日常生活中，有时如果不懂得拒绝别人，就会给自己造成很大困扰，我们需要学会如何说"不"。

三、表演情景剧

1. 不拒绝的后果

● 情景剧 1

小A：我今天太忙了，说给你们听听。我上午有一节在线英语课，下午还得写作业、复习，明天要默写古诗，我都没背下来呢！做完学校里的数学卷子，还有家里的练习册要做。妈妈说晚上去姥姥家吃饭，弟弟妹妹都在，还得陪他们玩……晚上肯定没时间了！如此看来，我下午得狂写作业，不然完不成啊！

小B：走啊！吃了午饭没什么事，陪我去图书大厦买本书吧！

小A：呃……那个……

小B：那个什么啊，是不是闺蜜了！别磨叽，快走呀！

（小A看看正在写的作业，又看看闺蜜，迟疑了几秒钟，最后还是走了）

师：小A在这种情况下会想些什么？小B又会怎么想？小A有没有想到陪小B去买书的后果？

学生交流分享：

预设1：小A不想得罪小B，于是迁就她，其实心里不想去。

预设2：小B觉得小A这么忙还肯陪她去买书，真讲义气，这才是好朋友呢！

预设3：一起买书时，小A心不在焉。她回家后狂补作业，错误百出，周一遭到老师批评。

师：我们为什么不愿意拒绝别人呢？

预设1：怕伤害对方。

预设2：在意别人的评价，想给人留下完美的印象。

教师小结：这是生活中处理同学关系时很常见的一种做法：不计后果

地迁就同学。不能适当地拒绝，真的会给我们带来不少麻烦，那么到底要怎么说呢？

2. 不同的拒绝方式

情景剧 2

（小何正专心看书，这时小武走了过来）

小武：嘿，哥们儿，今天有球赛，一起去啊！

小何：看什么，没兴趣！没看见我正在看书啊！

小武：嚷什么嚷！不去就不去呗！

（小武说完转身就走）

情景剧 3

（小兰正在构思一篇作文）

小何：嘿！小兰，我们出去走走吧！

小兰：不去。（语气平和，接着用笔敲头）

（小何有点儿委屈，极不乐意地走了）

情景剧 4

（小方正在念叨着要做的事情）

小玥：（走过来）我们一起去街头公园玩吧！今天有跳蚤市场，特别有意思，傍晚还有露天电影呢！

小方：真抱歉，我今天要做的事情很多，上午写作业，下午和妈妈出去办事。你自己去，好吗？

小玥：的确好多事情啊，那你赶快忙吧！我自己去。

师：看了这三个情景剧，你有什么想说的？

（引导学生思考双方的处境以及内心的真实想法和顾虑）

教师小结：不论多么好的朋友，只要是两个人，肯定有想法不一致的时候，有分歧很正常。试着站在对方的角度想一想，或许你能理解他的想法和做法，要有一颗包容的心。

【设计意图】运用表演情景剧的方式，帮助学生还原真实的生活情境。一方面，让学生体验不会拒绝可能给自己造成的困扰；另一方面，体会不同的拒绝方式给人的感受是不同的，知道要站在对方的角度思考。

四、分享小妙招

1. 什么情况下，我们应该说"不"？

①自己手头的事情比别人的事情更重要时。

②别人请求或要求的事的确是自己不愿意做的事，而对方自己也能独立完成时。

③超出了自己的能力范围时。

④可以明显判断出来是不正确的事情时。

2. 联系自己的生活实际，说说你有什么拒绝他人的技巧

①尊重对方，注意倾听对方的需求。

②对明显不对的事情，果断拒绝，不能拖泥带水、犹犹豫豫。

③拒绝时语气平和，有礼貌，不能粗暴。

④做出必要的解释，态度诚恳，这样才能赢得理解。

⑤找出替代的方法。被拒绝后，对方可能会不太高兴，可以想些办法来缓和他的情绪。

3. 总结拒绝小妙招

师生共同总结拒绝小妙招：自护法、不卑不亢法、婉拒法、补偿法、缓冲法、无言法等。

【设计意图】通过交流讨论，让学生明白什么情况下应该说"不"，同

时分享自己拒绝他人的小妙招。

五、情景模拟：该如何拒绝

师：针对以下情景，请各小组讨论后展示拒绝的方法，可以用表演的形式，也可以直接回答。

情景 1——你与同桌

课堂上，你正专心地写作业。你的同桌凑了过来，在你耳边说："喂，咱俩对对答案，最后一题我不会，把你本子借给我看看。"你想起老师说过要独立完成作业，觉得不应该给他作业本，但又怕不借给他，他会生气。此时此刻，你该怎么办呢？

情景 2——放学后的烦恼

放学后，你正准备回家休息一会儿，晚上还有作业要做。这时，你的好友走过来说："陪我去小市场买修正带吧。"陪他去吧，这一去至少得半小时，回家躺一会儿的计划泡汤了；不陪他去吧，又怕好友不高兴。这时，你该怎么办呢？

【设计意图】让学生运用学到的拒绝方法和技巧，处理实际问题。

六、读相关图书

教师总结：每个人都有自己的生活轨迹，我们应该尊重别人，同时也应该尊重自己，倾听自己的心声。每个人都有说"不"的权利，注意拒绝也要讲求技巧，以构建和谐的人际关系。

师：我们时常需要对一些人说"不"。"不"是短促有力的否定词，代表着我们否定的观点、态度、意愿。学会说"不"、敢于说"不"，是一

门重要的语言艺术和人际沟通技巧。(推荐学生阅读《学会说"不"》，以加深理解)

【设计意图】六年级学生有一定的自主学习能力，在了解相关知识后，再去阅读相关图书，可以加深理解，学会正确处理人际关系。

[课后延伸]

拒绝是需要练习的，需要不断辨别在什么情况下可以拒绝，需要一定的语言技巧和情感支持。课后，首先请学生用自己喜欢的方式复盘。比如，绘制"心灵驿站"手抄报，回顾课上学到的拒绝方法；又如，撰写微故事，回想自己以往遇到的类似情况，思考用新学到的方法解决会不会更好。

之后利用常规班会时间让学生分享心得，或将自己遇到的两难情况、棘手问题抛出，集思广益，进一步教会学生如何进行人际沟通，从而提升其人际交往能力。

[反思与总结]

1. 本次班会符合学生的心理特点和人际交往的需要，所以学生非常愿意参与到活动中。通过多种活动，学生体验了拒绝别人和被别人拒绝的心理感受，明白适当地拒绝是尊重自己的表现。同时学到了一些恰当的沟通技巧，在日常生活中知道如何委婉地拒绝他人。

2. 注重后续活动的开展。"人际关系"系列班会还在进行中，六年级学生即将小学毕业，更加接近社会，如何拒绝陌生人也是需要智慧和技巧的。商场中热情的导购员，手机上请求帮忙的微商，许久不联络请求帮忙投票的朋友……学生接触的人会越来越多，如何学会保护自己，对陌生人说"不"，是一门学问。

3. 可以给六年级学生更大的学习空间。比如，让他们课前向不同人群请教拒绝他人的方法，用多种形式展示，班会的开放度更高一些。

[附：调查问卷]

在生活中，你有没有因为拒绝他人而产生烦恼的时候？请你看看下面五种情形，能否勾起你和同学间交往的点滴回忆呢？

- 你正在做一件事，同学邀请你和他一起去做别的事情。
- 你原先有自己的计划，同学突然请你陪他去做对他很重要的事情。
- 你想自己完成一件作品，可同伴热心地过来帮助你。
- 明明知道正确的做法是什么（比如，妈妈说放学后直接回家，老师不让在自习课上玩手机），但迫于对方压力或者因为事情本身的诱惑性（如烤冷面的味道，手机游戏的诱惑等），你无法拒绝，事后挺后悔。
- 当时拒绝了，但是同学还是三番五次请求，你就不好意思再拒绝了。

请回答以下六个问题。

1. 面对同学的邀请或者请求，你会说"不"吗？

A. 会 　　　　　　　　B. 不会

2. 你认为需要学习说"不"吗？

A. 需要 　　　　　　B. 不需要 　　　　　C. 不知道

3. 如果你会说"不"，你会怎么说？

A. 直白地说 　　　　B. 委婉地说

4. 你拒绝别人之后，对方通常是什么反应？（可以多选）

A. 转身去找别的同学

B. 礼貌地回应一句

C. 大吵一架

D. 继续哀求（如：拜托了！好哥们儿！）

E. 表示理解，下次还愿意找你一起做事

5. 你是否担心说"不"，会影响你们之间的关系？

A. 是的，我很担心

B. 不是，我一点儿都不担心

C. 有点儿担心

D. 大多数情况下，是担心的

6. 如果你不会说"不"，通常你的理由是什么？

A. 怕对方伤心、失望，不愿意说"不"

B. 迫于对方压力，不敢说"不"

C. 怕对方误会我不和他好了，不知道怎么表达

D. 没必要说，都这么熟悉了，他会理解我的

E. 不确定自己内心的想法

》北京市朝阳区芳草地国际学校世纪小学　刘煜菁

学 习 篇

4. 打败厌学小怪兽
——学习内驱力主题班会

[班会背景]

《中小学心理健康教育指导纲要（2012 年修订）》中指出，小学高年级的教育应着力培养学生的学习兴趣和学习能力，培养学生分析问题和解决问题的能力。

小学高年级学生学习压力感出现，学习态度分化。随着课业负担的增加，他们的竞争意识增强，重视学习评价，但也容易因为学习方法不当、心理问题等出现畏难情绪，惧学、厌学。这既给学生的学业带来巨大的负面影响，也不利于学生健康人格的塑造，同时也带来一定的社会问题。因此，使学生掌握克服厌学情绪的方法非常重要。

叙事疗法中的"外化对话法"的理念是"人不是问题，问题才是问题"。在这节课当中，我们运用"外化对话法"，帮助学生解决厌学问题。

[班会目标]

1. 知识与认知目标：认识到厌学情绪是一种消极情绪，了解厌学情绪产生的原因和表现。

2. 方法与能力目标：初步掌握克服厌学情绪的方法。

3. 情感与态度目标：感受厌学情绪带来的消极影响，体会克服厌学情绪需要付诸实际行动。

[课前准备]

1. 调查学生厌学情况。

2. 准备暖场音乐。

3. 制作课件。

[班会过程]

一、摩拳擦掌识"怪兽"

师生互动，做热身小游戏。

第一次，老师请学生在一分钟内奋力鼓掌："我们来比一比，看谁在一分钟内鼓掌的次数最多。要记得自己鼓掌的次数哦，开始！"

一分钟后，老师请学生进行第二轮鼓掌："时间还是一分钟，开始！"

结束后，老师采访学生："两轮鼓掌，大家哪一轮鼓掌的次数多？为什么？"

生1：第一轮多。因为第一轮很努力，第二轮就有点儿累了。

生2：第一轮多。因为第一轮老师让我们比一比我就很认真，第二轮我开始有点儿松懈了。

教师小结：第一轮大家心中有目标，都使出浑身力气去鼓掌，所以很多同学第一轮鼓掌的次数比第二轮多很多。第二轮呢，有的同学累了，有的同学不想那么卖力开始松懈了，所以鼓掌次数就少了，只有极少数同学第二轮鼓掌的次数和第一轮差不多。

学习路上也是如此，有的同学能一路保持动力，有的同学走着走着就慢下来了，还有的走着走着就不想动了，干脆停下来。这种对学习以及与学习相关的事表现出厌倦甚至憎恶的心理，就是"厌学"。我们都知道，出现厌学情况是不好的，一旦出现了没有及时调整，我们的学习成绩就会慢慢地一落千丈。那么厌学有哪些表现？它是如何产生的？我们又有什么应对措施呢？这节课，就让我们一起来打败厌学小怪兽吧！

【设计意图】通过热身小游戏，调动学生的积极性，在轻松愉快的氛围中，导入主题。

二、"怪兽"长这样

教师出示案例。

小明是一名五年级学生，以前成绩还处于中上水平，但到了五年级，成绩一路下滑，考试经常不及格，一看书就犯困，一谈学习就喊"头疼""肚子疼"。做作业时磨磨蹭蹭，找个本子也能找半天。他上课总是打不起精神，考试也常常交白卷，还经常谎称生病不上学。成绩下滑后，他经常和老师对着干，做些哗众取宠的行为，引得哄堂大笑。上个月因为被老师批评他还当场和老师顶嘴，受到了严厉的批评。他一恼火，把所有的教材都撕了，文具也被掀翻在地。妈妈说了他两句，他干脆说："以后我不上学好了！"一个月过去了，小明的情况还是没有一点儿好转，父母既焦虑又无可奈何。

（组织学生讨论：从案例中可以看出，厌学有哪些主要表现？从自己或其他同学的身上，你还知道厌学有哪些特征？）

师：厌学情绪主要表现为对学习厌恶、烦躁、不感兴趣；学习活动表现欠佳，上课神游、注意力不集中、无故缺席、顶撞师长；学习动力不足，缺乏基本的学习毅力和自制力等，有时还会有逃避倾向。

（展示六种表情：①灿烂的笑容，非常高兴；②高兴；③略带微笑；④不笑也不恼；⑤闷闷不乐；⑥一副苦恼的样子）

师：如果以这六种表情代表六种学习状态，那么哪种表情和你目前的学习状态最相似呢？

教师小结：从课前的调查来看，我们班大概有三分之一的学生有被厌学小怪兽困扰的问题。厌学小怪兽在每个人学习的路上都可能随时跳出来，这是一种常见的消极情绪。那么厌学小怪兽出没的原因有哪些呢？

【设计意图】首先出示案例，让学生了解厌学情绪的主要表现，了解自己是否有厌学情绪。然后分析调查结果，把特殊问题普遍化，让学生意识到，存在厌学情绪是普遍现象。

三、"怪兽"出没有原因

（小组讨论，判断下列观点是否正确，并解释原因）

①学习不是自己的事情，都是为家长学的。

②百无一用是书生，文盲照样赚大钱。学习不必太费劲，马马虎虎就行了。

③今天读书是为了长大后更有能力。

④我资质愚钝，即便努力了也学不好。

⑤只有学习好，同学才会看得起我，成绩排在后面会被别人笑话，那样太丢脸了。

⑥学习很辛苦，失败了几次我就不想再学了，遇到不懂的问题我根本不想弄懂。

⑦如果没人督促我，我极少主动地学习。

教师小结：厌学小怪兽出现的原因很多，有人认为读书没有用，有人认为压力太大或父母关心不够，有人处理不好人际关系而不愿上学，有人没有养成良好的学习习惯等，其中很重要的一个原因是学习动机不足。倘若你的学习动机不足，学习时就会缺失目标，缺乏自主性，无法独立化解遇到的困难。

【设计意图】通过讨论常见的观点，引发思维碰撞，让学生了解厌学的原因，从而端正学习态度。

四、打败"怪兽"有妙招

1. 教师引出耶克斯—多德森定律

我们是人不是机器，不可能一直情绪高涨地学习。无论学习好坏的学生，或多或少都曾被厌学小怪兽困扰过，只是表现程度和持续时间不同罢了。那么怎样才能让自己处在一种比较积极的学习状态当中呢？我们来看看心理学当中的耶克斯—多德森定律。

耶克斯—多德森定律指的是，动机的最佳水平随任务的性质不同而不同。在较为简单的任务中，工作效率随动机的提高而上升；而随着任务难度的增加，动机的最佳水平有逐渐下降的趋势。

那么，我们在学习过程中，可以选择难度适中的任务，让自己处在一个较高的动机水平中，跳一跳摘个桃，以保持积极的学习状态。

2. 学生讨论，想出妙招

师：假如你身边的同学遇到了厌学小怪兽，除了选择难度适中的任务，你还可以想出哪些妙招呢？

（学生讨论，总结克服厌学情绪的妙招）

- 确定适当的学习目标以获得成就感。
- 树立正确的学习观。
- 寻找学习失败的原因。
- 建立融洽的师生关系。
- 培养兴趣，树立信心。
- 改变观念，接受自我。
- 转移注意力，放松心情。

  …………

3. 放飞梦想纸飞机

让学生在彩纸上写下自己近期的一个学习目标并折成纸飞机，在音乐《梦想的纸飞机》中一同放飞。每个学生再从放飞的纸飞机中捡起一只，为对方送上一句鼓励语及祝福语。

教师小结：在学习的过程中有苦也有乐，在克服困难的同时，我们收获了战胜自己、勇闯难关的快乐。当厌学小怪兽出现时，我们要坦然视之，接纳它，包容它，并尝试战胜它。

【设计意图】以心理学理论耶克斯—多德森定律为基础，通过讨论，引导学生找到一些克服厌学情绪的妙招，以提高学习效率，并鼓励学生为自己定下一个近期的学习目标，在同学的祝福中、在积极的心理暗示中找到信心。

[课后延伸]

让学生持续关注自己的学习情绪和状态，每天以前述六种表情为自己的学习状态做简单记录。若持续出现状态不佳的情况，要及时进行自我调整或向朋友、师长寻求帮助。

[反思与总结]

学生只有正视问题、了解问题，才能更好地解决问题。一些学生陷入厌学情绪中却不知道自己怎么了，只觉得对学习提不起兴趣，甚至对周边的一切都提不起兴趣。如果不能及时给予学生科学而有针对性的指导，这可能会给学生带来巨大的影响。

课前的调查，能让老师了解到哪些学生身上存在问题，从而有的放矢地在课中及课后持续跟进。对心理学理论耶克斯—多德森定律的运用，能让学生从中了解到，自己厌学情绪的产生可能并不是因为对学习失去了兴趣，只是需要调整动机水平而已。同时把特殊问题普遍化，让学生意识到，存在厌学情绪是正常的，只要坦然视之，调整自己的状态，就可以化解。

在这节课中，我们把厌学情绪当作小怪兽独立拎出来，也是运用了心理学当中"外化对话"的方法。当我们把人的自我认同和问题区分开来时，厌学的症状就成了一个与人区分开来的"实体"，学生不再觉得自己就是问题，而问题才是问题本身。对学生来说，采取行动面对困境的新选择就出现了。这样的"外化对话法"，使人更能承担责任，也更具应对问题的勇气和能力。

》广东省广州市番禺区洛浦东乡小学　陈剑雯

5. 魔镜魔镜，我是哪种"小磨蹭"？
——改掉拖延症主题班会

[班会背景]

进入五年级以来，我们班很多学生做事变拖拉了，班里出现了各种各样的"小磨蹭"。有的"小磨蹭"没有自控力，做事之前答应得好好的，却迟迟不行动。有的磨洋工，觉得自己长大了，事事都要自己做主，一有人"干涉"他就以拖延的方式对抗。有的把时间花费在了焦虑上，总是想得很好，做得很少，瞻前顾后怕出错。还有的懒洋洋，没有目标，什么也不想干，写作业期间能把一块橡皮雕刻成花。

班里为什么会出现这么多种拖延的现象呢？很大程度上是学生性格使然。性格虽无好坏之分，却各有优劣，也就是说都有要"提升"的地方。所以，老师要先帮助学生找到自己的性格密码，认清自己属于哪种拖延，再利用相应的工具和方法改掉拖延的毛病，提高做事效率。

[班会目标]

1. 知识与认知目标：帮助学生了解性格特点与做事效率之间的关系。

2. 方法与能力目标：借助性格分析问卷，指导学生发现和掌握自己的性格密码，并学会运用心理学工具和方法帮助自己改掉缺点，发挥性格优势，以提高做事效率。

3. 情感与态度目标：感受、体验发挥性格优势从而提高做事效率的喜悦，发现扬长避短的好处，提高自信心。

[课前准备]

1. 调查学生最近做哪些事特别有动力。选取《孤勇者》歌词中与本节班会课内容相关的部分作为素材。

2. 打印性格分析问卷、性格分数统计表。

3. 与数学老师、语文老师、英语老师、科学老师沟通，请他们提前设计一项适合本节班会课内容的作业。

4. 准备彩纸条，用于区分不同性格类型学生的位置。

[班会过程]

一、流行歌曲导入：激发学生参与兴趣

师：同学们，听说你们最近喜欢唱一首神曲为自己加油打气呀！

（学生面面相觑，流露出不解、兴奋的表情。老师播放《孤勇者》高潮部分，音乐刚一响起，学生就兴奋地跟着唱起来。）

师：同学们真有品位！（清唱）"他们说要带着光驯服每一头怪兽，他们说要缝好你的伤，没有人爱小丑。""爱你和我那么像，缺口都一样。"大家知道我为什么喜欢这几句歌词吗？

（大家纷纷猜测，并解释"怪兽""缺口"代表什么）

师：你们简直太懂我了！最近我总觉得身体里有一头怪兽，它总是拖住我，让我不想做事，害得我最近总被说有拖延症，真发愁！你们有这个烦恼吗？

（学生纷纷点头，开始说自己的遭遇，并承认师生果然"缺口都一样"，同病相怜呀！）

师：前段时间我得到一面小魔镜。小魔镜说我最近这种拖延只是暂时的，是我完美型性格造成的。因为完美型性格的人自律、认真、注重细节，可是害怕失败，特别在意别人的评价，所以我不是不想干事，而是不敢轻举妄动，把干事的时间都浪费在反复琢磨万一干不好多丢人这件事上

了。你们谁有这种烦恼呀？

（有人举手赞同，有人说自己不是这样的，大家纷纷猜测自己的拖延是什么原因造成的）

【设计意图】本环节应用"自己人效应"，通过播放学生喜欢的《孤勇者》（节选）和诉说自己的遭遇，让学生看到师生"缺口都一样"，以拉近师生间的心理距离。再通过关键歌词"他们说要带着光驯服每一头怪兽"，引导学生自主感悟"怪兽"其实就在自己的身体里，借此引出获取性格密码是摆脱拖延的前提，以这种形式吸引学生主动参与接下来的环节。

二、小魔镜出场：通过性格测试让"小磨蹭"现原形

1.填写性格分析问卷

师：请大家认真填写性格分析问卷（摘自《父母必知的性格解析：孩子为什么这样做》）。

【设计意图】通过性格测试让每个学生对众多的性格特点有所了解，对自己有较客观的认识。

2.填写性格分数统计表，破解性格密码

师：同学们，现在需要你们把问卷上面的答案誊写到下面的分数统计表（摘自《父母必知的性格解析：孩子为什么这样做》）中。

教师统计出每种性格类型的学生所占比例。

【设计意图】通过填写性格分数统计表，可以基本确定每个学生的性格特点，为下一环节做铺垫。

三、摆脱"小磨蹭"：体验使用秘诀的好处

师：找到属于自己的性格密码之后，可以使用什么秘诀来帮助我们摆脱"小磨蹭"呢？

（出示秘诀，如表1所示）

表1 摆脱"小磨蹭"的秘诀

性格类型	摆脱"小磨蹭"的秘诀	训练方法
活泼型	自控力	第一，进行延迟满足的能力训练，可以请身边人帮忙。 第二，先进行目标分解，再在规定时间范围内完成任务。
力量型	自主性	第一，目标管理，要事优先。 第二，自己承担相应的行为后果。
完美型	不怕失败	第一，允许自己有情绪和犯错误。 第二，重视自己努力的过程，坦然接受结果。
平和型	有目标	第一，为自己的事做决定。 第二，制定阶段性目标，只和自己做比较。

师：测一下在接下来的10分钟内你能完成哪些任务。

（出示作业栏中的内容）

数学——做一份超市调查表　　　　　　　　　　10—15分钟

语文——口语交际，与家长合作完成　　　　　　10分钟

英语——录制"我的班级小创意"宣传视频　　　　10—15分钟

科学——继续完成实验报告，放学前上交　　　　5—10分钟

师：考虑到本节课同学们都很辛苦，我为大家准备了一些棒棒糖作为奖励。

（10分钟后，将观察到的情况分享给学生）

师：我发现了四个可喜的现象。

第一，活泼型同学选择先看作业内容，完成要紧的事后才吃棒棒糖，显然他们在使用"自控力"秘诀：延迟满足以及先进行目标分解。

第二，力量型同学在看完作业内容后拿出了《科学实验报告手册》，把握住了"自主性"这个秘诀，做到了要事优先。

第三，完美型同学在看完作业内容后都有不同程度的皱眉头、叹气等表达情绪的表现，之后有同学拿起了棒棒糖，边吃边填写《科学实验报告手册》，10分钟内这几名同学都已经开展了行动。由此可见，他们也在使用"不怕失败"的秘诀，允许自己有情绪，不因焦虑结果而迟迟不行动。

第四，平和型同学都有做规划或者列提纲的行动。有同学在口语交际角色分配时写了"我要做主角，请家人参与即可"，他们也把握住了"有目标"这个秘诀，这是很大的进步。

综上所述，咱们班同学都在练习使用摆脱"小磨蹭"的秘诀，大家真是很会学以致用！

师：（结束语）第一，只有认清自己才能对自己"因材施教"，而只要找到自己的性格密码，使用好秘诀就能让自己更加高效、更加快乐地学习和生活。

第二，性格没有好坏之分，只要你能认清自己性格中的优点和需要提高的地方，及时扬长避短，就能不断超越自己。

[课后延伸]

1. 用好改变卡（如表2所示），记录自己遇到了哪些事情、如何利用秘诀解决问题，或在这类问题上进行了哪些挑战。

2. 记录为期四周，每周三次。

表 2　改变卡

日期	我的性格类型	我的秘诀	训练记录

【设计意图】帮助学生了解摆脱拖延的秘诀，体验使用秘诀的好处，增强摆脱拖延的自信心。

[反思与总结]

1.本节课的内容目前对学生来说是比较敏感的，因为他们经常听到家人、师长对自己做出"小磨蹭""拖延症"的评价，心中有抵触，因此要采用"自己人效应"，先把教师和学生拉到统一战线，才能顺利引领学生带着兴趣和耐心去探索拖延的性格原因。

2.教师在公布了自己的性格密码后一定要强调"性格没有好坏之分"，无论自己属于哪种性格，都存在优点和需要提升的地方，即便是教师也是如此，同样需要扬长避短。

3.教师需要在课堂最后 10 分钟观察、统计不同性格学生使用秘诀的情况，所以在测试出性格密码后，要按性格特点发给学生不同颜色的彩纸条，让学生贴在桌子的明显位置。因为每个班的情况不同，所以各种颜色的彩纸都需要多准备一些。

4.四科教师的作业安排既要符合"双减"政策，又要符合学生当天的学习内容，避免让学生感觉是刻意安排的，否则既影响训练效果，又增加学生的作业负担。

5.棒棒糖作为一个小道具出现有两个作用：一是对所有学生积极参与本节课活动的认可，二是对不同性格学生的一种检验工具。例如，活泼型学生以前基本上是先享受后做事，但是这次却可以先看作业内容，把要紧的事做完了才吃糖。与他们不同的是，完美型学生本不太会当着老师的面在课上吃糖，但是经过这节课他们有了变化。

6.因为行为内化为习惯是需要时间的，而且常会出现反复，需要不断强化，所以班会课后的长时跟踪和及时反馈尤为重要。

》北京市大兴区长子营学校　贾爽

6. "试"事如意
—— 轻松应考主题班会

[班会背景]

小学高年级学生比较重视考试，一些学生常常在考试前紧张、焦虑。引导学生学会用积极的态度面对考试，显得尤为重要。

应考状态既包括考试策略，也包括考试心态。应考状态对考试成绩有较大影响。为此，本节课通过游戏、活动、故事等缓解学生考试前的紧张情绪。同时，通过积极心理暗示以及"情绪脱困四问"帮助学生调整情绪，使学生明白：考试并不可怕，只要我们积极地、自信地面对它，聚焦能做的事情，就能做到"试"事如意。

[班会目标]

1. 知识与认知目标：了解心理暗示的概念，明白积极心理暗示对考试乃至未来人生的作用。

2. 方法与能力目标：掌握考试前积极心理暗示的方法，包括积极的语言、行动、想象等，初步了解"情绪脱困四问"，懂得考试前调节自身焦虑情绪的重点在于行动。

3. 情感与态度目标：感受、体验积极心理暗示带来的放松与快乐，形成自身的积极心理暗示，鼓起勇气，树立自信，从而获得成功。

[课前准备]

1. 分组，每组四位同学。

2. 准备好信封和写着"'试'事如意宝典"的 A4 纸若干，仿古竖条纸若干。

3.准备歌曲《我相信》。

4.准备四叶草形纸张，全班每人一张，纸背面每一片叶子上写"心情""事件""目标""行动"。

[班会过程]

一、想"象"如意

师：同学们，考试在即，今天这节课我们就来放松一下，一起来做一个游戏。（课件展示一头粉红色的大象）请两手交叠，揉搓，边揉搓边呼吸，感受到腹部随着呼吸起伏，深呼吸三次。

接下来，大家闭上眼睛，请听我念："请不要去想粉色的大象，请不要去想粉色的大象，请不要去想粉色的大象。"好了，请你睁开眼睛。你闭眼时脑海里浮现了什么？

生1：我想到了一头粉色的大象。

生2：我也想到了一头粉色的大象。

师：为什么是一头粉色的大象呢？

生2：我觉得是因为老师想让我们想到，所以我们就想到了。

师：真聪明，这就是心理暗示。心理暗示分为积极的心理暗示和消极的心理暗示。那它对我们的生活和学习乃至考试又有什么影响呢？接下来让我们一起看一个故事。

【设计意图】小游戏的运用，迅速地拉近了师生间的距离，使学生紧张的神经得到放松。通过想"象"活动，初步渗透心理暗示的概念，激发学生的兴趣。

二、赶考如意

（播放秀才赶考遇棺材故事的部分内容）

师：猜一猜，同样看到棺材，两位秀才有什么不同的想法？

（生答略）

师：两位秀才接下来的命运如何呢？为什么？它对我们的学习有什么启发呢？接下来我们继续往下听（继续播放这个故事）。

教师小结：（课件出示）中国科学院心理研究所王极盛教授研究发现：在 20 个影响考试成功的因素当中，占第一位的是考生考试时的心态；占第二位的是考生考试前的心理状态；占第三位的是学习方法；占第四位的是学习基础。我们要进行积极的自我暗示，给自己增加正能量，让自己鼓起勇气、树立信心，这样我们的学习和生活才会越来越好。

【设计意图】让学生带着思考听故事，感受积极心理暗示的作用。出示王极盛教授的研究发现，让学生进一步明确积极心理暗示对考试以及未来生活的重要意义。

三、如意宝典

1. 考试前的积极心理暗示

师：即将考试，你有什么积极的心理暗示吗？

生 1：考试，我能行！

生 2：考试加油！

2. 开展"试事如意令"活动

师：看来大家都有自己的小秘籍，我带来了一些信封。（出示信封）信封里面有竖条便利贴，有的是积极的暗示，有的是消极的、不合适的暗示。请大家以四人小组为单位，将里面积极的暗示挑选出来，组成小组的"'试'事如意宝典"。

积极的暗示：

- 我一定能考好！

- 我很放松。

- 我是最棒的！

- 我深呼吸，感觉神清气爽。

- 我准备好了考试工具，答题会很工整、美观。

- 我提前预想考试的情景，里面的每个题目我都复习了，我考得不错。

- 我带上了我的幸运徽章，真精神！

- 我不会的别人也不会。

- 对着镜子，我做了一个代表胜利的动作"V"，信心满满。

消极的、不合适的暗示：

- 我肯定会考不好。

- 我不紧张。

- 考试太难了，我躺平吧！

- 我觉没睡好，肯定考不好。

- 我成绩不如别人。

- 我害怕考试。

- 我不学习了，反正也学不好。

（四人小组选出合适的便利贴，教师公布答案，针对"我不紧张"这一条，强化说明：积极的暗示是肯定的、可行的，避免出现否定的词语，因为大脑会自动去掉否定词，造成"我很紧张"的错觉）

师：看着咱们的"宝典"，大家有什么发现？

生1：积极的心理暗示，既可以是语言，也可以是行动、想象，还可以是一个随身携带的小玩意儿。

生2：消极的暗示是否定的。

师：考试前的积极心理暗示既可以是语言，也可以是行动，是音乐，是事物，还可以是自己对美好未来的憧憬。总之，一切积极、确定、可行的事、物、行动等，都有助于我们成功。

接下来，让我们一起活动活动，在《我相信》的音乐声中大声读出咱们的"'试'事如意宝典"，相信好运一定会降临！

【设计意图】通过本环节，学生加深了对积极心理暗示的理解——它既可以是正面的、积极的、确定的语言暗示，还可以是行动暗示、想象暗示、动作暗示等。最后在音乐声中，学生大声朗读自己的"宝典"，既是对紧张情绪的释放，也恰好是对接下来考试的正面积极的暗示。

四、不如意又如何

1. 情景再现

师：考试前，我们会遇到各种各样的问题，有的同学可以从积极的心理暗示中找到能量，而有的同学则不然，这时候同伴的积极心理暗示就成为我们的"小确幸"。大家看小红就遇到了麻烦。

临近期末，小红很紧张，她记起去年期末考试时自己失败的场景，对小兰说："我一定考不好的。我不是读书的料。"说完哭着跑出了教室。

①根据上面的场景，学生以小组为单位，每人在四叶草形纸张上写下给小红的积极心理暗示或帮助小红的方法，小组内交流。

②学生积极想办法，教师适时鼓励学生，也为个别学生的优质回答点赞。

③全班交流分享。

生1：经过一年的努力，今年的你肯定会很不一般。

生2：虽然去年考得不好，但它已经过去了，现在还有时间，你可以更加努力地去做。你是最棒的！

生3：你可以想一想自己考得很好的样子。

2. 角色体验

①教师扮演小红，无论学生如何劝都不行，教师相机出示"情绪脱困四问"。

师：其实在日常生活中有些同学就是会陷入情绪的泥潭中无法脱身，特别是遇到考试这样重要的事情。这时候，我们手中的"四叶草"就起作用了（要求学生看四叶草形纸张背面，上面写着"心情""事件""目标""行动"）。如果我们能在前面加上一个"什么"，你会发现自己仿佛得到了钥匙，就能挣脱情绪的牢笼。

②学生练习自问自答（如表1所示）。

表1 "情绪脱困四问"

方法	安慰自己	安慰别人
什么心情	我苦闷、焦虑。	我知道你的心情苦闷、焦虑。
什么事件	我去年期末考试差。	快要期末考试了，你害怕考得很差。
什么目标	我想今年考好。	你的目标是考试考好一点儿。
什么行动	我可以调整一下心情，从现在开始努力学习。	我们可以调整一下情绪，鼓励自己，然后更加用心地、努力地复习，我也会帮助你。

③教师示范用"四叶草"上的"情绪脱困四问"安慰小红。

④同桌扮演小红和同学，互相用"四叶草"上的"情绪脱困四问"解决小红的问题，也可以解决自己的其他情绪问题。

⑤个别展示。

【设计意图】通过本环节，学生了解到可以通过合适的方法缓解情绪，加深了对积极暗示的理解。

五、人生认真才如意

教师总结：同学们，考前心理调适的方法和技巧还有很多，积极心理暗示的方法也有很多。当我们出现消极情绪时，一定要尽早觉察并表达出来，接下来投入积极的行动中。因为踏踏实实、认真学习才是"试"事如意的良药！当然生命是遥远的路程，幸福从来不只是考试这一件事，但拥有积极的心态，认真面对，大家就能事事如意。加油！

【设计意图】本环节帮助学生明确学习态度，同时提升学生的信心，为学生未来发展奠基。

[课后延伸]

1. 运用本节课学到的积极心理暗示和"情绪脱困四问"给自己做考前心理建设，也可以用这个方法去鼓励身边的人。

2. 在班集体内设立"'试'事加油墙"，大家以留言的方式与他人分享考前的情绪，也可以鼓励他人，营造积极、温馨的氛围。

[反思与总结]

1. 整节课都处在一种欢快的气氛中，达到了缓解学生考试前紧张情绪的效果。

2. 事例环节的设计较为关键，能够更好地帮助学生了解积极心理暗示不是盲目自信，而是科学地接纳自己的情绪，并做出积极改变。

3. 每个班的班情不同，学情也不同，有代表性的情景可以根据实际情况适当增减，总之与考试情绪的缓解有关即可。

4. 班会课后要跟踪，一次班会课不能解决所有问题，长期坚持，才能帮助学生构建积极的心态。

» 广东省中山市大涌镇旗北小学　赵苑珍

自 我 篇

7. 我要变成谁？
——成长自画像主题班会

[**班会背景**]

　　小学高年级学生自我意识迅速发展，尤其是六年级学生绝大部分已经进入青春期，他们开始变得尤为关注自我，特别重视同伴关系，重视来自同伴的评价。在这一阶段，同伴评价对学生来说十分重要，因为这是他们认识自我、了解自我的重要渠道。但六年级学生心智欠成熟，没有创建客观、全面的自我评价标准，所以他们较易出现过高或过低的自我评价，从而产生自负或自卑的情绪。六年级学生又面临该阶段重要的小升初，情绪的变化对学习生活会产生巨大的影响。因此，正确认识自我，悦纳自我，是青春期起始阶段非常重要的课题。

　　《中小学心理健康教育指导纲要（2012年修订）》中指出，在小学高年级"帮助学生正确认识自己的优缺点和兴趣爱好，在各种活动中悦纳自己"是重要的内容。社会心理学认为，自我即自我概念、自我意识，是指个体对自我生理、心理、人际关系等的认识，既是社会交往的前提，也是社会交往的结果。正确认识自我主要有三种途径：一是自我察觉与反思，即通过自我评价来认识自我；二是通过他人评价看到乔哈里视窗里的"盲目区"，更加客观地认识自我；三是通过社会生活中各类活动的评价反馈综合认识自我。

[班会目标]

1. 知识与认知目标：知道自己是世界上独立的个体，认识到每个人都有自己的优势和不足，正确认识自己。

2. 方法与能力目标：在正确认识自己的基础上客观分析自己的特点，能主动进行自我察觉与反思，对自己做出客观合理的评价。

3. 情感与态度目标：接受自己是世界上独一无二的个体，接受自己身上的优点和缺点，悦纳自己。

[课前准备]

1. 准备绘本故事《神奇变身水》。

2. 准备道具：狮子、老鹰、乌龟、变色龙（玩偶或动物挂图都可以）。

3. 准备四张海报纸，内容提前写好，制作成表格形式。

4. 提前制作"自我评价卡"和"他人评价卡"，班级学生人手一份。

5. 提前做好课件。

[班会过程]

一、动物模仿秀

师：班会课开始之前，老师想跟同学们分享我最近刚看的一个绘本故事《神奇变身水》。有一只小老鼠，它想变成其他的东西。它去巫师家里买变身水时，巫师正在整理一堆杂乱不堪的神奇药水，便将自己手上一瓶无标签的神奇变身水给了小老鼠。小老鼠在打开瓶盖之前，产生很多幻想：变成蝴蝶、乌龟、蜜蜂、蚂蚁、大象甚至猫咪等。（边播放绘本插图边叙述故事）你们猜猜，这只小老鼠最终变成了什么？

师：如果你们现在也拥有一瓶神奇药水，你想变成什么呢？我想请几位同学上来演一演他们即将变成的动物，并说说为什么。

师：我们发现，同学们和小老鼠一样，之所以想变身，是因为嫌弃自己的缺点；而之所以想变身成某种动物，大多是因为羡慕这种动物身上的某种优势。

【设计意图】以一个简单有趣的绘本故事引入，顺势进入动物模仿游戏活动，让学生在活动中初步认识自己。活跃的课堂也让学生开始思考各种动物的优势和劣势，展开想象。教师在热身活动中初步了解学生对哪些优势和特点较为向往。

二、动物世界一日游

师：（课件出示四种动物和森林场景）接下来，老师将和大家一起来开展一个活动，具体内容是——如果现在你可以选择成为一种动物，在丛林里度过一天，你会选择哪一种？[①]大家思考 20 秒，做出自己的选择。然后找到和你选择同一种动物的同学组成一组，进行头脑风暴，填写表格（如表1所示）。同学们先不做评价，组员想到什么都可以写下来，讨论时间为 15分钟。讨论完毕后每个小组选一位代表上台分享你们组的成果。

表 1　选择成为哪种动物

我想成为＿＿＿＿＿＿＿（动物名称）	
＿＿＿＿＿＿＿（动物名称）的优势是：	＿＿＿＿＿＿＿（动物名称）的不足是：

师：（各个小组代表上台分享后）同学们从四个小组的分享中，发现了什么？

（生答略）

---

① 拉萨拉，麦克维蒂，史密莎.正面管教学校讲师指南：带领学生做的互动活动 [M].
张宏武，花莹莹，王霄，等译.海口：南海出版公司，2016：87－90.

【设计意图】引导学生在活动中认识自己。学生各抒己见，也能倾听他人不同的想法。分组活动让学生自由发言，展示活动让学生体验到小组学习的收获。

三、个人评价与他人评价

1. 独一无二的我

师：每种动物都有自己的优势和劣势，就像每个人身上都有优点和不足，才组成了我们独一无二的生命。老师现在给每个人发一张"自我评价卡"（如表2所示），请你独自完成，填写自己最显著的三个特点，至少要包括一个自己不满意的地方，也就是自己的不足之处。

表2　自我评价卡

＿＿＿＿＿（姓名）自我评价卡
我最显著的三个特点（至少包括一个不足之处）：
＿＿＿＿＿＿＿　　　＿＿＿＿＿＿＿　　　＿＿＿＿＿＿＿

2. 我们眼中的彼此

师：填写完"自我评价卡"后，老师现在发第二张卡片（如表3所示）。这张卡片你们只需要填上自己的姓名即可，然后撕掉背面的双面胶，请你的同桌帮你贴在背上。贴好后，请你让小组成员轮流在卡片上填写他们认为你最显著的三个特点，其中至少要包含一个他们认为你做得不够好的地方。小组成员轮流写，互相评价。

表 3　他人评价卡

你认为_____（姓名）最显著的三个特点（至少包括一个不足之处）：

_____　　_____　　_____

_____　　_____　　_____

_____　　_____　　_____

_____　　_____　　_____

_____　　_____　　_____

3. 对比个人评价与他人评价

师：现在请同桌将你背上的卡片取下来，把它和"自我评价卡"进行对比，你发现了什么？或者你有什么感受和想法？

（生答略）

【设计意图】互相评价这一环节有趣又走心，学生在活动中开始感受到每个生命个体是不一样的，各有各的优点和缺点，各有各的精彩。从他人的评价中，学生也看到了乔哈里视窗里"盲目区"的自我，从而更加理性、客观、全面地认识自我。

四、畅谈发现与收获

师：通过这个活动，我们不难发现，每个人都是独一无二的，都有各自的优势和不足，你眼中的自己和别人眼中的你或许还有些差异。那么，我们应该怎么对待他人的评价呢？请大家在小组内讨论：别人肯定我们，我们可以怎么想、怎么做？他人提出批评或指出我们的不足时，我们可以怎么面对？

（学生充分讨论，畅所欲言）

【设计意图】本环节启发学生自我反思和总结，认识到人与人之间存在差异，较全面、整体地看到自己的优势和劣势。同时，学会尊重和包容他人，理性对待他人的评价。

五、畅想未来的自己

师：课上到这里，大家还记得这节课开始时老师分享的故事中那只小老鼠吗？你们知道它最终选择变身成什么吗？它做了什么决定呢？我们一起来看看。（播放绘本故事结尾部分）现在请你看着自己手上的评价卡，面对自己的优点和缺点，你能理解小老鼠最终做的这个决定吗？

师：每个人身上既有优点，也有缺点，我们各有各的特点，各有各的精彩，不必羡慕别人，喜欢自己也是一件很美好的事情。

请同学们想象一下：10年后的你是个什么样的人呢？10年后你大学毕业，会从事怎样的工作？会在哪里，过着怎样的生活？

【设计意图】学生在活动中分析自己的优点和缺点，进一步感受到自己的独一无二，更加客观地看待自己，悦纳自我。紧接着"畅想未来的自己"，进一步启发学生用目标引领自己一路前行。

[课后延伸]

请学生写一写、画一画10年后的自己。

[反思与总结]

1. 课堂伊始，选取与学生自我认识有关的绘本《神奇变身水》来开启课堂；课程结束，以故事的结局来启发思考。这个故事对六年级学生来说虽简单，但别有深意，学生既能在动物扮演中感受个体之间的差异，又能代入角色，思考自己的优势和劣势。从活动体验延伸到自我认识，启发学生更全面地看待问题。

2. 评价设置了自我和他人两个维度，帮助学生更全面地认识自己，找到悦纳自己和提升自己的方法。

3. 该课堂的环节从动物角色代入到自我评价、他人评价，循序渐进，但是多以体验式活动展开，所以在时间的控制上教师要做好准备，确保课堂 40 分钟内能完成。学生的分享和反思环节更是不可或缺，课堂生成的学生感受、想法和发现是这节课的成果体现。

》广东省广州市华南师范大学附属小学　张碧云

8. 成长圆桌派，解开沟通不等式
——少年有烦恼主题班会

[**班会背景**]

    人与人之间最宝贵的是真诚、信任和尊重，其桥梁就是沟通。小学是儿童学会人际交往、适应学习生活、融入集体生活的基础阶段。随着生理和心理的不断发展，六年级学生情感表达不再外显。面对家长和老师，很多学生选择沉默，认为家长和老师不理解自己，懒得沟通，导致亲子关系、师生关系紧张等。

    为此，我以圆桌派的形式，借助同伴互助、心理小课堂的方式来帮助小学高年级学生掌握沟通不等式。希望他们能够充分认识到沟通的重要性，并能尝试着解决沟通问题。

[**班会目标**]

    1.知识与认知目标：认识沟通的现状。沟通是信任的开始，更是合作的关键，各行各业都需要沟通。

    2.方法与能力目标：体会沟通的重要性，尊重并理解不同行业的人，培养学生勤奋学习、积极沟通、勇于实践的精神。

    3.情感与态度目标：领会沟通的用途之广，方式之多，意义之大；懂得用行动助力良好沟通，用沟通创造美好生活。

[**课前准备**]

教师：

制作课件和海报，下载视频，协助学生分组分工，必要时有针对性地给予指导。

学生：

资料收集组：收集、整理与沟通有关的故事、数据等。

实践活动组：实地采访社区工作者，邀请学校心理老师，了解其工作内容等。

文艺表演组：编排、设计情景再现及"心语贴"活动。

宣传动员组：张贴标语、海报等，让全班同学了解班会主题，激发大家参与活动的热情，为主题班会的开展创设良好的氛围。

其他：

教室环境布置（圆桌会议）、座位设置、小组分配（帮帮团、观察团、红领巾广播站）等。

[班会过程]

一、体验＞旁观

红领巾广播站现场播报：情景再现《第一现场联系你》。小记者通过一组科技周"萝卜塔拼搭"比赛图片，带着同学们再次回顾科技周的比赛。拼搭比赛中，学生之间没能及时沟通、互帮互助，导致此次比赛的成绩十分不如意，赛后他们还互相埋怨，心生芥蒂。

"成长课堂大家谈"：学生交流自己对案例的看法；谈谈自己因为沟通不好带来误会的经历，当时自己的心情是什么样的。

师：同学们说得很好，每个人都有自己的想法。大家的想法听起来很有道理，但是你们有没有发现，其实我们都只是旁观者，并不能真正体会当事人的心情？在现实生活中，如果我们能多一些换位思考，是不是更有助于人际交往呢？

教师小结：沟通问题确实存在于我们的生活当中。正如你们所说，沟通实在是太重要了！沟通是信任的开始，更是合作的关键。让我们牢牢记住：体验大于旁观！

【设计意图】激发学生的参与热情，引导他们畅所欲言，营造沟通氛围。

二、表达＞沉默

师：参加科技周拼搭比赛的同学，也就是事件的亲历者，他们之间的关系能不能得到缓和？如果还有机会一起参赛，在比赛前，他们又会怎么做呢？今天，我们请来了故事的主人公，还有帮帮团的代表们，让我们以热烈的掌声欢迎他们。

活动一：放大镜——同伴互助话纠纷

"成长帮帮团"：帮帮团成员协助沟通"话"纠纷；班级心理委员诚邀心理老师现场谈论纠纷。

"启心小课堂"：知心姐姐现场座谈；团队沟通支妙招。

教师小结：同学们，让我们再次感谢帮帮团的代表们，感谢范老师，还有认真聆听、积极参与沟通的自己。希望你们能记住：表达大于沉默。只有敞开心扉，你才会看到团队协作的力量。

活动二：聚光灯——社区沟通助万家

师：同学们，除了班级同学之间需要沟通，在我们的生活中，沟通是否同样重要呢？

①学生交流讨论。

师：是的，生活中我们常会因为沟通不畅而引发矛盾。下面，请看红领巾广播站的小记者从第二现场发回的报道。

②学生观看采访视频：《第二现场——社区沟通助万家》。小记者们采访社区工作人员，社区工作人员从工作性质、工作内容、工作方法等方面谈感受。从视频中可以体会到社区工作人员的工作十分烦琐和不容易，

他们用自己的专业知识让更多的人明白了沟通的重要性。

师：以前谈到社区工作者，很多人脑海中闪现的就是居委会大妈的形象，每天调解夫妻吵架、邻里纠纷等。今天，观看了小记者从第二现场发回的报道，你们有什么感受呢？

③学生谈感受。

师：请每个小组的代表来和我们交流一下吧！

生1：我觉得沟通在生活中很重要，沟通能够缓和大人之间的矛盾。

生2：我觉得社区阿姨的调解，让很多人打开了心结，让城市里除了高楼大厦，更有人情味了。

教师小结：是的，沟通让人与人、心与心之间的距离更近了。社区工作者通过沟通助力千家万户幸福生活。沟通是座桥，幸福千万家。

活动三：万花筒——对话解码合肥

师：通过前面的活动，我们认识到了沟通的重要性，体会到了沟通能带来幸福感。沟通对一座城市又意味着什么呢？

师：同学们，请看大屏幕。（播放中央广播电视总台《对话》栏目采访合肥市委书记的视频）

师：对这种新型的沟通方式，你们有什么感受？

生1：这很像抖音上的直播视频……可以让我们更好地了解合肥。

生2：这种形式很新颖，我很喜欢。

生3：除了可以观看直播内容，还可以看到精彩的弹幕，"隔屏"对话的感觉很棒！

师：你们在生活中有没有运用过这种沟通方式呢？

生1：疫情期间不能外出，我就用微信视频给外公外婆拜年。

生2：我们还用电脑上网课，这种沟通方式也给自己带来很多帮助。

（展示图片，展现沟通的应用领域之广）

教师小结：合肥市委书记用这种新型沟通方式，让我们认识了合肥这座科技之城。沟通，打造了一张城市名片。这种沟通方式，真正实现了跨地域、跨时空、超链接。

【设计意图】通过"放大镜""聚光灯""万花筒",全方位解读沟通的重要性以及沟通方式的多样化。

三、行动＞形式

师：相信通过刚才的交流、分享，同学们对沟通有了自己的理解。

师：作为新时代的小学生，除了认识到沟通的重要性之外，在日常学习和生活中，我们还可以做些什么呢？把你的想法写在"心语贴"上。

（出示部分"心语贴"）

班级里设置心理委员、沟通驿站、帮帮团。

社区里设置社区小楼长。

担任城市小小宣讲员。

（学生总结"沟通"锦囊，话感受）

生：沟通很重要！对个人、社会、国家都很重要……

教师小结：细心的同学一定注意到了，咱们今天的座位摆放和以往不同。是的，是个圆形。其实，这只是沟通形式的改变。老师觉得，任何形式的变化，都是服务于我们的需要。希望你们能把这种想法落实到具体的行动中，让沟通助力你们成长。

【设计意图】沟通是一种方式，也是一种本能。教师的巧妙追问能够激发学生的成长型思维，"场"的创设、生成和深化应该伴随课堂始终。

[课后延伸]

1. 在每周的"启心小课堂"中发挥"成长帮帮团"的作用，每周一个话题，以沟通的形式话成长。

2. 继续开展"成长圆桌派"的活动，在活动中运用本节课提到的沟通方法，以解决学生成长中的小烦恼。

[反思与总结]

袁隆平爷爷说，要做一粒好种子。希望这节班会课能在学生心中种下一粒沟通的种子。一撇一捺写成"人"，撇捺之间有学问。不管时代如何变迁，科技如何进步，人与人之间的沟通必不可少。

一节班会课的时间是有限的，这节班会课的主要目标就是让新时代的小学生明白沟通的重要性，尝试通过沟通助人助己。班会课结束后，我会根据学生的需求，定期组织系列活动。行动大于形式，我会帮助他们在学习和生活中发挥心理委员、帮帮团、城市小小宣讲员等的作用。

》安徽省合肥市师范附属小学　郭古月

成 长 篇

9. 你我之间比什么？
—— 正确比较主题班会

[班会背景]

小学高年级学生开始有独立见解，但是容易受外界影响。他们能够以一定的标准来评价人、事以及社会现象，但是往往片面，不够深刻，所以出现了他们比物质水平、比外在条件等的现象。

有家长向我反映，孩子回到家后发脾气，埋怨妈妈将淘汰的手机给他使用，抱怨爸爸开一辆普通的代步车去接他。

于是，利用班会课的时间，我借用数学中的"对比思想"，让学生淡化物质攀比，明白同学之间应该比的是什么。

[班会目标]

1.知识与认知目标：明白应该比较什么，懂得比较给自身带来的影响。

2.方法与能力目标：利用"对比效应"和情景剧，让学生选择适合自己的方式提升自己，步步前进。

3.情感与态度目标：用积极向上的精神激励自己，培养自己的学习能力和竞争能力。

[课前准备]

1.调查学生在平时生活中是否出现攀比的现象，掌握班级学生攀比的情况。

2. 提前选好班级的计算达人，出好计算题。准备好一支普通的碳素笔和一支昂贵的钢笔。

3. 准备皮鞋、拖鞋、帆布鞋、普通运动鞋的图片以及"爬山虎"目标卡。

[班会过程]

一、"计算达人"巅峰对决，激发兴趣，引发思考

老师将心目中选好的班级两位实力相当的"计算达人"请到讲台上，让 A 同学使用普通的碳素笔，B 同学使用昂贵的钢笔。两位同学在两分钟内，完成 50 道口算题目（能够简便计算）。结果两位同学 50 道题都完全正确。此时，让学生说说在答题过程中考验的是两位同学的什么方面，引发学生思考。

生 1：考验的是两位同学的计算速度。

生 2：考验的是两位同学的书写速度。

生 3：考验的是两位同学对数学运算法则的掌握程度。

师：两位同学都在规定的时间内把题目全部做对了，但是我们能够很明显地发现两位同学手中拿的笔是不同的，这并没有影响最终的结果。由此可见，这场巅峰对决，考验的是两位同学自身的能力，而不是手中笔的材质与价格。

二、做"挑选适合的鞋"的游戏，转变学生"别人的就是好"的心理

师：大家拿出信封里鞋子的图片，里面有四双鞋，请大家根据我描述的情境选择鞋子。

情境 1

今天我们要举行一场篮球赛，请你为同学们选择适合的鞋子。

情境 2

爸爸要去参加学术论坛，穿了一身西装，请你为爸爸搭配一双鞋子。

情境 3

晚上，写完作业后准备洗澡，请你选择一双适合的鞋子。

情境 4

星期一的早上，同学们穿着干净的校服，戴着鲜艳的红领巾，应该搭配什么鞋子才能彰显小学生的朝气？

师：大家都根据对应的环境，选择出了合适的鞋子。在这个游戏环节，我们都没有参考鞋的价格和外观，而是注重鞋的功能。可见，适合自己的才是最好的，适合自己所在环境的才是最优的，不能一味攀比。

【设计意图】利用"情境相似性"原理，设置学生熟悉的情境，让学生将鞋子与环境、场合相匹配，在思考、对比中转变比较方向，明白不能盲目比较。

三、引导学生学会比较

师：大家看到过袁隆平爷爷的采访视频，多次获得科研奖金的他穿着几十元的衬衫，系着十几元的领带，开着便宜的汽车，从没有跟他人比过穿着、车等，但是他却跟全世界比粮食产量，心系实验基地。到底什么才是小学生应该比的呢？

师：现在将班级里的同学分成四个小组，请派代表上来抽取剧本，然后进行五分钟的排练。每个剧本的演出时间请控制在 3—4 分钟，你们可以根据剧本中心内容发挥。

（出示剧本内容）

剧本 1

小红看见同班同学买了新款运动鞋，想要同款，回去向妈妈索要，妈妈不给买她就发脾气，离家出走。妈妈为了满足她的需求，加班工作，累到生病。

剧本 2

课间活动时，小明和小华两位同学玩跳台阶游戏，从上往下跳，比一比谁跳的台阶数更多。

剧本 3

在一次运动会50米选拔赛中，小李和小王两位同学在小组赛中奋力加速，最终进入决赛。

剧本 4

在一个周末，小李的家长发信息给班主任说："现在小李在家里表现进步很大，不再是衣来伸手、饭来张口的小公主了，能够参与到家庭劳动中，比以前勤劳多了。"

师：四组学生都进行了表演。通过表演，同学们明白了同学之间适合比较的是精神、习惯等，而不是外在条件。

【设计意图】借用榜样效应，让学生明白精神上的富足才是最可贵的，引导学生学会比较。

四、根据自身情况，确定目标，制订计划

师：同学们已经明白了自己比较的方向，既可以与他人比较，也可以未来的自己与现在的自己进行对比。请大家在"爬山虎"目标卡上填写自己想要比的内容。

我要在（　　　　　）方面，与（　　　　　）比。
比较周期为（　　　　　）。
制订计划：

【设计意图】借助"爬山虎"目标卡，让学生确定目标，制订计划，将认识落实到行动中。

[课后延伸]

1. 打造班级"爬山虎"成长角，张贴学生的目标卡，同时制定目标完成奖励措施。

2. 借用快乐体育时间，跟同学做"啄木鸟行动"游戏。全班分成两大组，每人一根 10 厘米左右长的塑料吸管，每组三根橡皮筋，每个人把吸管衔在嘴巴里，双手放到背后，扮成啄木鸟，口衔吸管传递"虫子"（用三根橡皮筋代替）。每个大组围成一个圆圈，让橡皮筋在吸管间传递，不能用手，用时最少的组获胜。这个游戏能考验学生的团队合作意识，让学生将个人比较上升到集体比较，培养学生的挑战意识和集体意识。

3. 学生形成攀比现象，除了社会和自身原因之外，还受家长的影响，所以还需要对家长进行正向引导。

[反思与总结]

1. 这节课主要使用"情境相似性"原理开展系列活动，小学生的抽象思维能力有限，利用熟悉的情境展开具有教育意义的活动效果更佳。

2. 攀比在小学阶段是很常见的现象。本节课主要是让学生从认知上转变自己比较的方向，再通过后续评比活动培养学生的竞争精神。

3. 计算题一定要根据班级实际情况设置，真实目的主要是让学生意识到笔的价格和材质差距并不影响结果。如果两位"计算达人"真的出现差距的话，教师要引导学生分析能力上的原因。

》广东省佛山市南海区南海实验学校　王婕

10. 登陆梦想岛，预见未来
——心中有梦想主题班会

[班会背景]

　　小学高年级是向中学过渡的重要时期，如何在这个阶段为学生的未来发展打下良好的基础，实现学生心理和能力的正向成长尤为关键。从学生的角度来看，他们已经步入青春期前期，自主意识逐渐增强，接收到了大量的社会信息，但缺乏判断力，喜欢用批判的眼光看待世界，以显示自己的标新立异和独特个性。学生的人生观、价值观、世界观极易受到影响，我们应帮助他们树立正确的"三观"，以正确的价值导向为他们的未来发展赋能。

　　从现实意义来看，这个阶段的学生可能陷入了升学的困顿中，父母的要求和老师的关注会给他们施加无形的压力，已经对未来有初步想法的他们可能会在这样的"内卷"之下变得消极和迷茫。从长远来看，想要学生获得持续发展，需要激发他们的内在动力，形成积极的心理暗示。因此，本次班会课以梦想为话题，以霍兰德职业兴趣测试为入口，目的是让学生在积极的能量场中释放情绪，找到自我价值。

[班会目标]

　　1. 知识与认知目标：正确认识自我价值，初步了解自己的职业发展趋向。

　　2. 方法与能力目标：学会多角度分析自己的个性特点，并对自己的未来有初步规划，客观看待自己与世界的变化。

　　3. 情感与态度目标：通过开展活动，让学生在愉悦的情感状态下接纳自己，调整自己的心理状态，坚守自己的梦想。

[课前准备]

1. 在班级中开展"我要夸夸你"主题活动，收集学生的活动单。
2. 准备六大职业类型的名牌，8 开白纸和彩笔。
3. 准备视频《青春，有多少种可能？》和歌曲《孤勇者》。
4. 按六人一组摆放好桌椅并请学生就座。

[班会过程]

一、活动导入：优势放大镜

1. 游戏互动："我要夸夸你"

规则：小组内以接力的方式轮流夸奖下一个同学，要求发自内心地说，3 秒内至少说出一个优点。

游戏可以进行三轮，每一轮逐渐加快速度。

教师提问：谁是（勇敢、自信、乐观……）的人？

学生起立：我是（勇敢、自信、乐观……）的人。

2. 课堂互动：猜猜他是谁

规则：老师从学生课前完成的"我要夸夸你"活动单当中随机抽选一张，大声念出夸奖的内容，全班一起来猜猜他是谁。

我要夸夸你

我夸你，你夸我，彩虹心情，幸福洋溢！

我有一个幸福的家，爸爸妈妈陪伴着我长大，为我付出了很多，我要夸夸我的_____（爸爸 / 妈妈），因为_____。

我还要夸夸我的＿＿＿＿＿＿＿（家人，如：家中长辈、兄弟姐妹等），因为

＿＿＿＿＿＿＿＿＿＿＿＿＿＿＿＿＿＿＿＿＿＿＿＿＿＿＿＿＿＿＿＿＿。

我还生活在一个温暖的班集体里，这里每天都有值得我学习或感谢的人和事。我要夸夸我的＿＿＿＿＿＿＿（老师或同学），因为＿＿＿＿＿＿＿＿＿

＿＿＿＿＿＿＿＿＿＿＿＿＿＿＿＿＿＿＿＿＿＿＿＿＿＿＿＿＿＿＿＿＿。

最后我还要夸夸我自己，因为＿＿＿＿＿＿＿＿＿＿＿＿＿＿＿＿＿＿＿＿＿

＿＿＿＿＿＿＿＿＿＿＿＿＿＿＿＿＿＿＿＿＿＿＿＿＿＿＿＿＿＿＿＿＿。

教师相机采访：你是怎么猜出来的？你能描述一下他是一个怎样的人吗？

（学生根据猜测对象的性格优势和日常表现做出回答）

师：同学们，赏识别人是一种美德。我们在互相称赞中获得了美好的体验，增进了彼此的情谊。在这个过程中，我们发现大家各具特点，各有优势，这些都直接影响着你们未来的发展，让我们一起奔向梦想彼岸吧！

【设计意图】游戏的设计意在从自己和他人的角度去发现优势，客观地审视自己，也帮助自卑的学生从中找到自信。老师在教学中，一要引导大家去关注平时不太出众的同学，二要引导大家从多个维度去发现自己和他人。因此，学生在互相称赞中获得了积极的体验，也意识到了赏识的重要意义，这是一个积极心理赋能的过程。

二、激发潜能：寻找自己的梦想

1. 确立职业兴趣类型

师：大家看，美国心理学教授约翰·霍兰德经过大量研究，将职业兴趣分为六种类型，我们一起来看看你是什么类型。

①出示职业兴趣的六种类型（如表 1 所示）。

表1　职业兴趣的六种类型

	社会型	企业型	常规型	现实型	研究型	艺术型
共同特征	喜欢与人交往，善言谈，关心社会问题	具有领导才能，有野心，做事有目的性	循规蹈矩，细心，做事谨慎，有奉献精神	动手能力强，不善言辞，谦虚保守，喜欢独自做事	抽象思维能力强，求知欲强，富有创造力	渴望表现自己的个性，具有一定的艺术才能，心态比较复杂
典型职业	教育工作者、社会工作者等	销售人员、项目经理、法官、律师等	办公室人员、会计、分析师等	技术性职业、技能性职业等	科研人员、医生、工程师等	演员、导演、剧作家、歌手等

②采访学生：你是什么类型？为什么这么判断？

预设：我认为自己是社会型，因为我特别喜欢与人交流。

2.组建发展群

师：你们都大致判断出自己是什么职业兴趣类型了吗？要真正发挥自己的优势，实现自己的规划，可是一个漫长又艰难的过程。请大家依据自己的职业类型，走到对应的发展群里坐下。

（依据职业兴趣的六种类型，将教室划分为六个区域，学生自行组建六个发展群）

师：同学们已经组建好了发展群，接下来给大家五分钟，请完成你们的团队任务。

①出示任务。

一是总结出团队的优势和劣势。

二是为自己的团队设计简单的形象标志。

②团队展示。

六个团队分别汇报展示，限时一分钟。

③采访学生。

师：你们是怎么在短时间内完成任务的？你们遇到了哪些困难？是怎

么解决的？

生：做好分工，互相包容……

师：老师很佩服你们，一个刚刚组建的新团队就能在如此短暂的时间内完成任务。所以，在共同的目标驱使下，每个人都发挥优势，群策群力，就能达成最好的效果。可是，在实现梦想的征途中，一定会遇到坎坷，你们都做好准备了吗？

【设计意图】依据学生的个性特点，借助职业兴趣类型表格，引导学生较为科学地认识自己的发展趋向。针对小学高年级学生，把空洞的梦想变成具体的职业，不再夸夸其谈，而是脚踏实地在任务情境中分析自己的优势与劣势，在团队共建中明白目标、合作的重要价值。课堂上环环相扣，学生在相对自由宽松的环境中真正"动"了起来，潜移默化地达成教学目标。

三、预见未来：做自己的孤勇者

1. 披荆斩棘向目标

①播放励志视频《青春，有多少种可能？》

采访学生：看了视频，你有什么感受？你想到了什么？

师：是啊，青春只有和梦想相联系，和国家相联系，它才会熠熠生辉。而我们正在追梦的路上，要历练自己的胆识，突破自己的极限。打开你们的"梦想风暴袋"，请在四分钟内给出解决方案。

②学生打开各自团队的"梦想风暴袋"，商讨具体的解决策略，并在白纸上做简单记录。

梦想风暴袋

社会型：你是一家教育培训类上市公司的老总，但现在你们公司遇到了空前的危机。你第一个选择是宣布破产倒闭，第二个选择是公司转型。

你将怎么做出抉择？说说你的理由。

企业型：你是一个国际服装品牌的亚洲区经理，公司总部正考虑提拔你到更高的职位。作为营销天才，你正在布局更大的市场。可是，离签订营销方案不到一天的时间，你的私人电脑资料被窃取，而你的竞争对手却拿下了这个大合同。你不仅失去了晋升机会，还遭遇了职业滑铁卢。此时此刻，你有什么打算和计划？

常规型：你成功应聘了一家高级金融公司的投资分析师，尽管你是一位经过专业学习的优秀人才，但是公司高手如云，面对激烈的竞争，你感到前所未有的压力。这时，你的上司派你到一个新的区域去接洽业务，面对这样一个任务，你不知如何是好。说说你的想法和计划。

现实型：你是一个高新技术行业的从业人员，凭借对技术的钻研，你获得了不少荣誉和肯定。一次，你在工作中破解了一项关键技术，似乎有利于攻破我们国家在这一领域的壁垒。作为一个普通技术人员，你渴望申请专利而获得价值，正纠结是否把你的技术无偿捐献给国家。你会怎么做？说说你的想法。

研究型：你是一位在海外留学的尖端人才，正在面临艰难选择。国外能提供非常可观的福利待遇和世界一流的研究设备，这是你梦寐以求的。同时，你也清楚，国内正在你的研究领域花费大量人力物力寻求突破。面对这样的情况，你打算怎么做？为什么？

艺术型：你是一位在文化馆工作的普通职员，打小你就喜欢绘画，可是迫于家庭的压力你选择了稳定的公务员岗位。今天，领导说单位需要选派一名员工到农村担任扶贫干部，而这正是一个具有艺术特色的村子，不过你的想法遭到了家人的反对。你打算怎么做？

③各团队展示对策，限时 90 秒。

采访学生：你们为什么要这样解决？你们依靠什么获得了成功？

（板书关键词：坚持、创新、合作……）

师：是啊，梦想要变成现实，必然会经历坎坷，你们也会在未来的道路上过五关斩六将，一步一步靠近自己的梦想。

2. 勇往直前向未来

师：穿越时空隧道，来到2049年，你们已经成为国家发展的中坚力量。那个时候，你会在哪里？干什么呢？

（教师随机采访学生，交流想法）

教师可追问：为了实现你的梦想，你做了怎样的努力？

师：老师特别欣慰，你们不仅心中有梦，脚下有路，眼里有光，还能把个人的梦想与国家的梦想相互照应。未来，老师定会看到你们在各行各业忙碌的样子，努力奋斗的样子。接下来，我们将利用假期开展一次职业体验的项目式学习活动，相信大家会有更多的收获。

（全班齐唱《孤勇者》）

【设计意图】这一部分旨在通过观看视频引导学生树立积极的人生态度，将自己的梦想与国家命运联系起来，并通过设置具体的问题情境，提炼出实现梦想的基本品质。然后让学生畅想未来的自己，会是在什么岗位为国家做出自己的贡献。学生在老师和同学的肯定、鼓励中获得信心，激发进取的力量。

[课后延伸]

1. 在班级中开展"我要夸夸你"的暖心互动活动。

2. 结合职业选择的倾向，利用假期进行职业体验活动。

3. 结合班会主题，在家长会上做梦想主题演讲，让家长了解孩子的想法。

[反思与总结]

1. 心中有梦想是一个比较传统的班会主题，要想做出新意不容易，聚焦于职业发展对小学高年级学生来说比较切实，从而避开了大谈特谈的说教式班会。

2. 班会设计的几个游戏根据班情和学情的不同，效果可能会有一定差异，这里需要执教老师实时把控好学生的课堂反馈，及时做出引导。

3. 依据个人特点进行的职业兴趣类型划分存在一定的不准确性，学生在小组内开展活动时的任务驱动跟班会目标契合度有待进一步思考。

4. 观看视频《青春，有多少种可能? 》，意在引导学生升华自己的梦想，把个人梦与中国梦联系起来，并且各行各业都是施展才华的舞台，这里需要老师做好点拨。

5. 此次班会的开展，能够帮助学生认识到自己的独特潜能，时刻以梦想激励自己，不断奋斗努力，长成合格的社会主义建设者和接班人。

》重庆市两江新区星光学校　荣翔

 后记

这套丛书是集体智慧的结晶。

为了实现既"好玩"又"好用"，全书每节班会都是精心设计的。我们特别注重运用心理技术设计和实施班会。在这个过程中，我与团队的戴鑫贻、陈敏、王姣、李纯燕、林元景、龙凤明、宁欣等老师一起反复讨论、打磨，一起解决了设计思路、实践路径、评价标准和课程化建设等问题。

所有班会内容可操作性强，贴近学生生活，符合心理学原理。目的只有一个，就是让班主任"看了就受启发""用了就有效果"，提高德育实效。

丛书的编写历程实属不易，课例历经多次打磨。作为主编，我对每位编委心怀感激。

感谢林元景老师为我们提供专业的心理学指导。感谢副主编戴鑫贻老师、王姣老师、陈敏老师和李纯燕老师，从构建课程体系到修改、校对书稿，他们都全力以赴。感谢各位编委以及相关学校的大力支持。感谢工作室成员宁欣老师、罗林老师、颜天丽老师的积极协助。限于篇幅，部分来稿只能忍痛割爱，对此我们深表惋惜。

感谢责任编辑张万珠老师和李热爱老师，他们付出大量心血，细致审读，严格把关，用专业素养进一步提高了丛书质量。

图书在版编目（CIP）数据

好玩又好用的创意班会．小学卷 / 张玉石主编．--
北京：中国人民大学出版社，2023.9
ISBN 978 - 7 - 300 - 32124 - 0

Ⅰ.①好… Ⅱ.①张… Ⅲ.①班会—小学—教学参考
资料 Ⅳ.① G635.5

中国国家版本馆 CIP 数据核字（2023）第 162480 号

好玩又好用的创意班会（小学卷）

张玉石　主编

Haowan you Haoyong de Chuangyi Banhui (Xiaoxue Juan)

出版发行	中国人民大学出版社			
社　　址	北京中关村大街 31 号		**邮政编码**	100080
电　　话	010 - 62511242（总编室）		010 - 62511770（质管部）	
	010 - 82501766（邮购部）		010 - 62514148（门市部）	
	010 - 62515195（发行公司）		010 - 62515275（盗版举报）	
网　　址	http://www.crup.com.cn			
经　　销	新华书店			
印　　刷	北京华宇信诺印刷有限公司			
开　　本	720 mm × 1000 mm　1/16		**版　　次**	2023 年 9 月第 1 版
印　　张	14.25　插页 1		**印　　次**	2023 年 9 月第 1 次印刷
字　　数	200 000		**定　　价**	68.00 元